Dieses Buch gehört:

Titel: DAS KINDERKOCHBUCH

Autoren: Annegret & Joachim Liebminger

Layout & Illustrationen: Annegret Liebminger
Food Pictures: Peter Schweinegger

© 2016 Annegret & Joachim Liebminger
Druck und Vertrieb im Auftrag der Autoren:
Buchschmiede von Dataform Media GmbH,
Wien

ISBN Paperback: 978-3-99057-404-1
ISBN Hardcover: 978-3-99057-405-8

Für die KINDER dieser Welt,
besonders

Noah & Hanna

Inhaltsverzeichnis

Vorwort

Liebe Eltern,

als ich Anni und Joe im Jahr 2013 in der virtuellen Welt des
World Wide Webs kennenlernte, merkte ich sehr schnell, dass
alles, was die beiden anfassen, mit sehr viel Leidenschaft und
Liebe zum Leben umgesetzt wird.
Zwei Menschen, die sich gefunden haben, um ihre gemeinsamen
Ziele zu verwirklichen. Ziele, die Gutes in der Welt hinterlassen
und an denen sich die meisten Menschen ein Beispiel nehmen
können.
Schon das Erstlingswerk, das Buch "Vegan für (J)Eden", habe ich
ungläubig bestaunt, denn ich weiß selbst wie viel Arbeit in einem
Kochbuch steckt.

Als Anni mir vor einigen Wochen vom Konzept dieses Buches
erzählte, war ich sofort sehr angetan. Die Idee für ein
Kinderkochbuch, das Rezepte mit einer spannenden Geschichte
verbindet, ist schon für sich gesehen großartig. Dass aber den
Kindern ganz nebenbei ein Verständnis für gesunde Ernährung
vermittelt wird, ist kaum zu übertreffen.

Als ganzheitliche Ernährungsberaterin mit Spezialisierung auf
Familienernährung, weiß ich wie schwer sich Eltern manchmal
damit tun, für ihre Kinder das "Richtige" auf den Teller zu
bringen. Viel zu schnell finden sich hierauf aus Bequemlichkeit
oder Zeitmangel stark verarbeitete Fertigprodukte. Darüber
hinaus sind Kinder oft nicht ganz unkompliziert, wenn es um die
von Eltern gewünschte und erhoffte Abwechslung am Esstisch
geht.

Die Herausforderung in der heutigen Zeit, in der beide Eltern häufig voll arbeiten müssen, um alle weltlichen Bedürfnisse zu erfüllen, in der Familienmomente oft rar gesät sind und in der viele falsche Werbeversprechen lauern, die uns manchmal in trügerischer Sicherheit wiegen, ist riesengroß.

Liebe Eltern, dieses Buch ist eine Möglichkeit inne zu halten, um gemeinsam mit den Kindern die schöne Welt der köstlichen und gleichzeitig gesunden Küche zu entdecken. Es hilft den Kindern von Anfang an den Spaß am Kochen und frischen Zutaten zu erkunden. Und unsere Kinder sind von Natur aus kleine Forscher, die diese Chance dankbar annehmen werden.

Ich wünsche Euch allen viel Spaß auf der gemeinsamen Entdeckungsreise und Ende mit meinem Lieblingszitat von Mahatma Gandhi:

"Wenn wir wahren Frieden in der Welt erlangen wollen, müssen wir bei den Kindern anfangen."

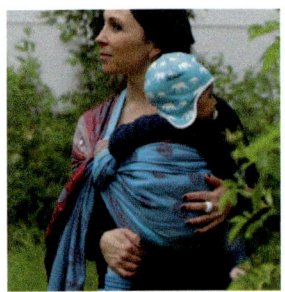

Carmen Hercegfi
Ganzheitliche Ernährungsberaterin

www.vegane-familien.de

Jonathan & Anton

Die Vitamindetektive

Kapitel 1

Kommissar Krümmelkeks und sein Neffe Jonathan saßen gemeinsam beim Frühstück.

Jonathan freute sich darüber, wieder einmal ein langes Wochenende bei Onkel Anton verbringen zu dürfen.

Der Kommissar, eigentlich Professor für Archäologie an der Universität Graz, aber in seiner Freizeit und viel lieber eben der Kommissar, fragte Jonathan: „Jonathan, möchtest du noch etwas vom roten Smoothie?"

Jonathan´s braune Augen leuchteten auf: „Gerne, Onkel. Der rote schmeckt mir am besten."

„Das liegt wahrscheinlich an den Himbeeren. Die mochtest du doch schon immer.", schmunzelte Onkel Anton.

„Aber ob die wirklich so gut für die Haut sind, dass man sie als Maske auflegen soll… ich weiß nicht." „Wieso als Maske?", fragte Joni.

9

„Na, weil du das gerade versuchst.", lachte der Professor und befreite Joni´s Stupsnase und seinen Mundbereich mithilfe eines Taschentuchs von Smoothieresten.

„Onkel Anton, was können Himbeeren, außer, dass sie lecker schmecken, noch?

Zur Porenreinigung sind sie jedenfalls ungeeignet, wie du mir bereits verraten hast…"

„Schau dir diese Himbeere genau an. Was fällt dir auf?"

„Hmm... Sie ist klein und rot." Joni drückte eine Himbeere ganz sanft zwischen Daumen und Zeigefinger zusammen.

„Und sie ist weich."

„Genau, Joni. Was fällt dir noch auf?"

„Sie besteht aus lauter kleinen Kügelchen."

„So weich und rund die Beere selbst auch ist, umso stacheliger und struppiger ist die Pflanze, auf der sie wächst. Trotzdem kann man die Blätter dieser Pflanze für Tee verwenden und sie wächst nahezu von allein."

„Cool", sagte Joni.

„Und obwohl sie so süß schmeckt, ist sie sehr zuckerarm. Ähnlich wie die Brombeere."

Plötzlich ertönte ein Bellen aus dem Vorraum.

„Luna! Was ist denn los, altes Mädchen?" rief Onkel Anton in den Flur.

Luna war die sechsjährige Hündin von Professor Krümmelkeks. Joni und der Professor liebten sie über alles.

Joni kannte sie von klein auf und hatte schon einige Abenteuer gemeinsam mit der treuen Begleiterin erlebt.

Luna war eine „Kleine Münsterländerin", hatte ein grau-weißes Fell mit rötlich-braunen Flecken, ein exzellentes Gehör und einen ausgezeichneten Geruchssinn.

Normalerweise war sie ruhig und lieb, doch im Moment spielte sie verrückt und bellte lautstark.

Der Professor stand auf, rückte seinen Sessel zur Seite und begab sich rasch hinaus, um nachzusehen, was passiert war. Joni folgte ihm.

Luna stand vor der Kellertür und bellte die verschlossene Tür an. Was war bloß los mit ihr?

„Ruhig, Luna, was hast du denn?", fragte Onkel Anton. Joni tätschelte ihr beruhigend den Kopf, doch Luna wollte nicht aufhören zu bellen.

„Sieh mal, Onkel Anton, auf der Tür sind kleine rote Punkte!", sagte Joni aufgeregt.

„Hmm, was ist denn das?", rätselte der Professor.

„Ich glaube, das sollten wir im wahrsten Sinne des Wortes genau unter die Lupe nehmen."

Er ging zur Kommode im Vorraum und öffnete die oberste Lade. Darin befand sich eine Lupe, welche der Kommissar in seine rechte Hand nahm, um damit die Spuren zu betrachten.

Seltsam", murmelte Krümmelkeks,

„äußerst seltsam. Schau selbst, Joni. Ich bin neugierig, ob du das gleiche erkennst wie ich."

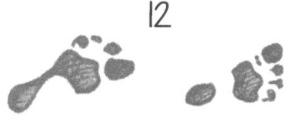

Jonathan nahm die Lupe und ging ganz nah zu den roten Flecken an der Tür.

„Das ist wirklich sehr merkwürdig.", staunte er.

Als er durch die Lupe blickte, erkannte er kleine Abdrücke, genauer gesagt Handabdrücke wie die eines sehr kleinen Kindes, mit dem feinen Unterschied, dass zwar ein Daumen , aber nur drei Finger zu erkennen waren.

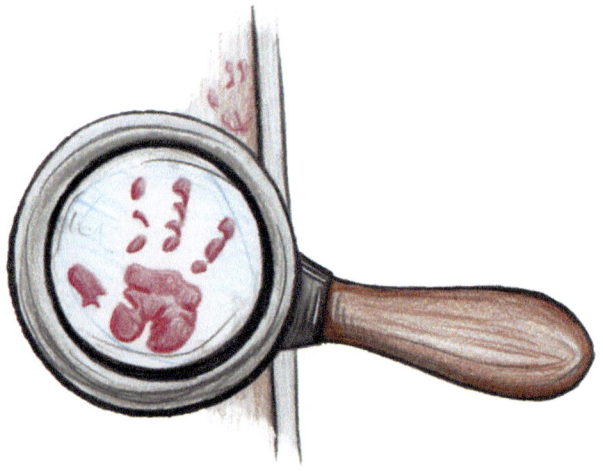

Luna hatte sich nun auch wieder beruhigt und der Kommissar griff nach dem Knauf der Kellertür.

„Psst! Wir sollten ganz leise sein.", flüsterte er und drehte den Knauf.

Die Tür knarrte kaum, als der Kommissar sie leise öffnete.
In der Dunkelheit vor ihnen konnten sie leise Schritte, ein
Wispern und Rascheln hören.

Wie die Indianer schlichen sie die Treppe hinunter und
während sie in der Finsternis, nur vom Licht aus dem
Vorraum geleitet, voranschritten, griff Joni nach der
Taschenlampe. Diese trug er stets an seinem Gürtel.
Unten angelangt richtete er die Taschenlampe nach vorne
und schaltete sie ein.

Krümmelkeks und er stießen gleichzeitig ein erleichtertes
Seufzen aus, denn sie erblickten nichts.

Das heißt eigentlich: Sie erblickten nichts Ungewöhnliches.
Nur die Dinge, die sich immer im Keller befanden.
Die Regale rechts und links an der Wand, diverse
Reinigungsutensilien, Wintersportgeräte und einen
Heimtrainer, den sich der Kommissar voller guter Vorsätze
vor einigen Jahren gekauft, mit welchem er aber nur zwei
Reisen gemacht hatte. Die erste vom
Geschäft ins Haus und die zweite vom Wohnzimmer in den
Keller.

„Hmm. Wir sollten uns die Spuren an der Tür nochmals ansehen. Vielleicht sind es ja doch nur Abdrücke von Luna's Pfoten.", meinte Onkel Anton.

„Du hast wohl recht.", pflichtete ihm Joni bei.

Etwas enttäuscht drehte er sich um und gerade als er den ersten Schritt Richtung Treppe tat, hörte er ein Rutschgeräusch.

„Vorsicht, Jonathan", rief der Professor aufgeregt, packte ihn am Arm und im selben Moment krachte eine Schachtel direkt neben Joni auf den Boden.

Er wirbelte mit der Taschenlampe in der Hand herum und was er nun erblickte, hatte er noch nie zuvor gesehen. Das Wesen war kniehoch, kugelrund und hatte einen roten zotteligen Pelz. Es hatte die Hände vor sich ausgestreckt, stand zitternd an dem Platz, wo sich zuvor der Karton befunden hatte und starrte Joni und den Professor mit großen Augen an.

Nicht ganz so schreckhaft war sein Kumpan, welcher daneben stand. Er war lila wie eine Aubergine und auch von der Form her nicht viel anders, aber dafür mit Stielaugen wie eine Schnecke. Er hielt sich den Bauch und kicherte ob des Missgeschicks seines Kollegen.

Der Kommissar und Joni blickten abwechselnd die beiden
Gestalten und sich gegenseitig an. Nach einigen Sekunden,
in denen man außer dem Kichern der Aubergine nichts
hören konnte, sagten der Kommissar, Joni UND die
Aubergine zugleich: „Wer oder was seid ihr?" „Du kannst
sprechen?", fragten der Kommissar und die Aubergine
zeitgleich, woraufhin sich die lila Gestalt auf die Schenkel
klopfte und lachte.

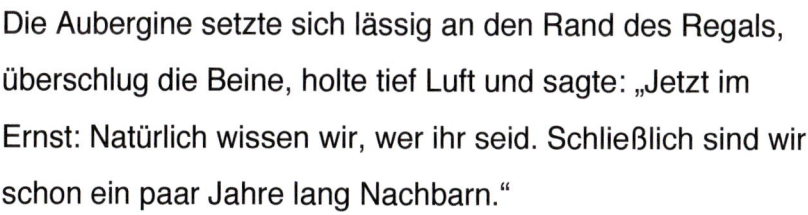

Die Aubergine setzte sich lässig an den Rand des Regals,
überschlug die Beine, holte tief Luft und sagte: „Jetzt im
Ernst: Natürlich wissen wir, wer ihr seid. Schließlich sind wir
schon ein paar Jahre lang Nachbarn."

„Nachbarn? Was soll denn das bedeuten?", fragte der Kommissar.

„Nachbarn: Jemand, der in jemandes Nähe lebt", meinte die Aubergine.

„Das ist mir schon klar", polterte der Professor, „aber ihr seid wohl nicht jemand, welchen man sich normalerweise als Nachbarn vorstellt."

„Naja, das hängt davon ab, welcher Jemand sich diesen benachbarten Jemand vorstellt.", witzelte der Lilafarbige.

„Aber ich weiß, wie es gemeint ist. Wir wohnen im Keller des leerstehenden Hauses nebenan. Übrigens, mein Name ist Moks. Wie Max nur etwas anders.", sagte Moks, sprang auf die Beine und verbeugte sich.

„Das da ist Stief", ergänzte Moks und deutete auf die Kugel.

„Wie Steve nur etwas anders.", warf Joni aufgeregt ein.

„Was soll Steve für ein Name sein?", fragte Moks verärgert.

„´Tschuldigung", murmelte Joni. „Kann Stief auch sprechen?"

„Natürlich, er ist nur etwas schüchtern.", antwortete Moks.

„Komm, sag was, Stief."

Stief trat verlegen von einem Fuß auf den anderen und bekam an der Seite weiße Flecken. Er räusperte sich und sagte: „Ähm, ähm, hallo."

„Hallo Stief", sagten Krümmelkeks und Jonathan.

„Wie seid ihr eigentlich hier hereingekommen und was hat euch zu uns geführt?", fragte der Kommissar.

„Naja, wir benutzen alle Rohre und Löcher, die wir irgendwo finden können. Wir nehmen nämlich jede Mühe auf uns, um es zu finden.", plauderte Moks.

„Es?", fragte Krümmelkeks.

„Ach, euch muss man auch wirklich alles erklären. Nahrung natürlich. Wie sollen wir in einem leerstehenden Haus sonst überleben?"

„Okay… und wovon ernährt ihr euch so?"

„Anfangs haben wir versucht, uns von den Dingen zu ernähren, die ihr wegschmeißt. Also, von Küchenabfällen, meine ich. Davon hat in dieser Straße leider jeder mehr als genug. Doch dann, vor allem,

wenn Joni zu Besuch ist, konnten wir immer wieder sehr verführerische Düfte aus der Küche riechen und das hat uns immer näher an – und letzten Endes ins Haus und in eure Küche geführt.

Wir waren eigentlich immer vorsichtig, doch Stief konnte es heute nicht erwarten, bis ihr weggefahren seid und hat sich in die Küche geschlichen. Dabei hat er Luna ganz wild gemacht und dann dummerweise auch noch Spuren an der Tür hinterlassen. Tja, den Rest kennt ihr ja…"

„Dass wir das nicht schon früher mitbekommen haben…", wunderte sich Krümmelkeks.

„Was machen wir jetzt?", fragte Joni.

„Gute Frage…", antwortete Onkel Anton.

„Wisst ihr was? Ich finde, wir sollten alle gemeinsam

nach oben in die Küche gehen und frühstücken. Joni und ich waren ohnehin gerade dabei und das ist auch eine gute Gelegenheit, uns besser kennenzulernen. Was meint ihr?", fragte der Professor.

Dieser Vorschlag wurde einstimmig angenommen und alle gingen über die Treppe nach oben in die Küche. Luna trottete brav hinterher und leistete ihnen Gesellschaft. Krümmelkeks machte einige Pancakes – sehr zur Freude von Stief, der erzählte, dass die Pancakes zu seinen Leibspeisen gehören.
Alle vier aßen gemeinsam, tauschten sich aus, lachten miteinander und hatten jede Menge Spaß.

Besonders Moks hatte viele Anekdoten auf Lager, welche sehr oft mit Stief´s Tollpatschigkeit zusammenhingen.
So verging die Zeit wie im Flug und schnell kam der Moment, an dem Moks und Stief gehen mussten.
Zur gleichen Zeit wollten Krümmelkeks und Joni mit

Luna in den Park, um ein bisschen Sonne, frische Luft und Bewegung abzubekommen.

Als sie zusammen zur Haustüre gehen wollten, sagte Moks: „Lieber Professor, falls es nicht zu viele Umstände macht, würden wir lieber unsere Gänge im Keller benutzen. Ich glaube, dass nicht jeder Nachbar so wohlwollend auf unseren Anblick reagieren wird wie Joni und du."

„Klar, da hast du bestimmt recht.", pflichtete ihm Krümmelkeks bei und begleitete Moks und Stief in den Keller, wo sie auch gleich durch ein Loch in einer der hinteren Ecken in der Wand verschwanden.

„Bis bald!", rief Stief ihnen zu und weg waren die zwei komischen Gestalten.

Joni und der Kommissar blickten sich an, lachten und schüttelten den Kopf.

Ein seltsameres Erlebnis hatten sie noch nie zuvor gehabt.

FRÜHSTÜCK

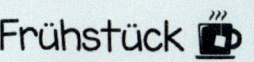 4 +
🕐 1 Std.

Süße Brötchen

Zutaten:

		1 EL	Brotgewürz
30 g	Hefe	50 g	Süßungsmittel
375 ml	Wasser (lauwarm)		nach Wahl *
500 g	Dinkel Vollkornmehl	30 g	pflanzliche Butter
3 EL	Weizenkleie		(BIO Alsan)
2 TL	Salz	20 g	Haferflocken

Zubereitung:

♦ **Hefe** in 125 ml **lauwarmem Wasser** auflösen.
Mit den **anderen Zutaten** und dem **restlichen Wasser** in eine Schüssel
geben und 5 - 10 Minuten zu einem Teig verarbeiten (nicht zu fest)

♦ Den Teig in eine Schüssel geben und mit Mehl bestäuben. Mit einem
Küchentuch abdecken und ungefähr 40 Minuten ruhen lassen

♦ Backofen auf 180°C Umluft vorheizen. Aus dem Teig Kügelchen formen
und auf einem mit Backpapier belegten Backblech länglich ziehen

♦ Die Teiglinge mit **Haferflocken** bestreuen und für 15 - 20 Minuten
backen

 2

🕐 5 Min.

Apfel Donuts

Zutaten:

2	Äpfel
4 EL	Cashewmus
2 - 3 EL	Gojibeeren
4 EL	Erdnussbutter
2 - 3 EL	Cranberries
1 Pr.	gemahlene Vanille
1 Pr.	Zimt (Ceylon)

Zubereitung:

♦ **Äpfel** waschen, Apfelgehäuse ausstechen und in dünne Scheiben schneiden

♦ Die Hälfte der Apfelscheiben abwechselnd mit **Cashewmus** und **Erdnussbutter** bestreichen. **Gojibeeren** und **Cranberries** darauf verteilen und mit der anderen Hälfte der Apfelscheiben bedecken

♦ Mit **gemahlener Vanille** und **Zimt** bestreuen und servieren

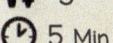

👫 3
🕐 5 Min.

Schokotraum mit Früchten

Zutaten:

2	reife Avocados
50 ml	pflanzliche Milch * (Vanille)
25 g	Kakaopulver oder Carobpulver
30 ml	Süßungsmittel nach Wahl *
	frische Früchte

Zubereitung:

♦ **Avocados** halbieren, entkernen und das Fleisch mit einem Löffel herauskratzen. Mit den **restlichen Zutaten** in einer Schüssel glatt pürieren.
Eventuell mit **Süßungsmittel** nachsüßen

♦ Die Schokocreme kann nun mit **frischen Früchten** serviert werden

In einem verschlossenen Glas im Kühlschrank ist der Schokotraum 3 Tage haltbar

👫 3
🕐 30 Min.

Apfelhirse

Zutaten:

150 g	Hirse	2 EL	Cashewmus
700 ml	pflanzliche Milch *		(oder Mandelmus)
4 EL	Süßungsmittel	3	Äpfel
	nach Wahl *	2 EL	pflanzliche Butter
1 Prise	Salz		(BIO Alsan)
2 EL	Zimt (Ceylon)	4 EL	Zucker
1/2 TL	gemahlen Vanille	120 g	Rosinen

Zubereitung:

◆ **Hirse** in einem Sieb heiß abspülen und mit **pflanzlicher Milch** in einem kleinen Topf aufkochen lassen.
Die Hitze reduzieren und 15 Minuten köcheln lassen.
Immer wieder umrühren, da sonst die Gefahr des Überkochens besteht

◆ Die fertige Hirse mit **Süßungsmittel, Salz, 1 EL Zimt, gemahlene Vanille** und **Cashewmus** mischen und bis zur Hälfte in Gläser füllen

◆ Die **Äpfel** schälen und in kleine Würfel schneiden. Die **Butter** in einer Pfanne erhitzen und die Äpfel darin 2 - 3 Minuten anbraten. **Zucker** und **restlichen Zimt** hinzufügen und weitere 2 Minuten karamellisieren

◆ Die **Rosinen** unter die Äpfel mischen und die Gläser damit fertig befüllen

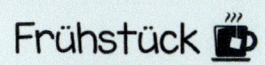

Affen Creme

Zutaten:

150 g	Hirse	150 ml	Wasser
1 l	Wasser	100 g	Cashewnüsse eingeweicht
3	reife Bananen		-> oder 80 g Cashewmus
3 EL	Süßungsmittel		
	nach Wahl *		frische Früchte
	(wenn erwünscht)		

Zubereitung:

♦ **Hirse** in **1 l Wasser** 15 - 20 Minuten weich kochen

♦ **Cashewnüsse** für 2 Stunden in warmem Wasser einweichen.
Alternativ 80 g **Cashewmus** verwenden

♦ **Hirse, Cashewkerne, Bananen, Süßungsmittel** und **Wasser** cremig
mixen

♦ **Frische Früchte** klein schneiden und mit der Bananencreme servieren

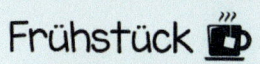

Grießschmarr'n

Zutaten:

500 ml	pflanzliche Milch *		
1/2 TL	gemahlene Vanille		
1 Prise	Salz	30 g	Süßungsmittel
250 g	Vollkorngrieß		nach Wahl *
100 g	pflanzliche Butter		
	(BIO Alsan)		etwas Kompott oder Apfelmus

Zubereitung:

♦ **Pflanzliche Milch** mit **Salz** und **gemahlene Vanille** in einem Topf aufkochen und
Grieß einrühren bis er fest wird.
Von der Herdplatte nehmen und den Grießbrei mit zwei Gabeln in viele Stücke reißen. Sie sollten ca. 2 cm groß sein

♦ Die Hälfte der **Butter** in einer Pfanne erhitzen und die Hälfte der zerrissenen Grießstücke dazu geben.
Etwas **Süßungsmittel** darüber streuen und 5 - 7 Minuten anrösten

♦ Nun den Pfanneninhalt auf einen Teller geben und zur Seite stellen

♦ Mit der restlichen **Butter,** den Grießstücken und dem **Süßungsmittel** wiederholen. Anschließend die Stücke von vorher noch einmal in die Pfanne geben und alles kurz gemeinsam anrösten

♦ Auf Tellern anrichten und optional mit **Vanillezucker** bestreuen.
Gut dazu passen **Apfelmus** oder **Kompott**

34

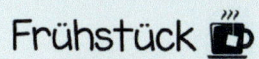

Popeye Power

Zutaten:

50 g	Babyspinat
1	Kiwi
2 EL	Süßungsmittel nach Wahl *
1	Apfel
1 Prise	gemahlene Vanille
150 ml	pflanzliche Milch *
handvoll	Eiswürfel

Zubereitung:

♦ **Alle Zutaten** in einem Mixer cremig pürieren. Am besten eignet sich ein Hochleistungsmixer

👫 3

🕐 10 Min.
  + 2 Std.

Chia Pudding

Zutaten:

60 g	Chia Samen		
400 ml	pflanzliche Milch *	1	Apfel
2 EL	Süßungsmittel	1	Banane
	nach Wahl *	100 g	Himbeeren
1/2 TL	gemahlene Vanille	150 ml	pflanzliche Milch *

Zubereitung:

♦ 400 ml **pflanzliche Milch** und **Süßungsmittel** mischen. **Gemahlene Vanille** und **Chia Samen** darunterrühren.
Die Mischung bis zur Hälfte in Gläser füllen.
Im Kühlschrank mindestens 2 Stunden (besser über Nacht) quellen lassen

♦ **Apfel, Banane, Himbeeren** und **pflanzliche Milch** im Mixer pürieren und auf den Chia Pudding in die Gläser füllen

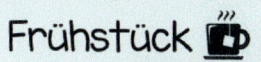

Pfannkuchen mit Beerensauce

👫 3
🕐 20 Min.

Zutaten:

150 g	Buchweizenmehl	etwas	Öl oder Kokosfett
250 ml	pflanzliche Milch *	100 g	Erdbeeren
1 Prise	Salz	100 g	Himbeeren
2 EL	Süßungsmittel nach Wahl *	3 EL	Süßungsmittel nach Wahl *
1 TL	Weinsteinbackpulver	1/2 TL	gemahlene Vanille

Zubereitung:

♦ **Buchweizenmehl, Pflanzliche Milch, Salz, Süßungsmittel, Backpulver**
   und in einer Schüssel mischen

♦ Eine Pfanne mit **etwas Öl** erhitzen und kleine, runde Pfannkuchen
   beidseitig herausbraten. Etwa 1 EL Teig pro Pfannkuchen

♦ Für die Beerensauce alle **restlichen Zutaten** im Mixer pürieren

♦ Die fertigen Pfannkuchen auf Küchenpapier abtropfen lassen und mit der
   Beerensauce servieren

40

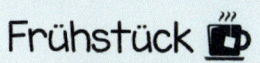
 3
20 Min.

Milchreis

Zutaten:

200 g	Risottoreis oder Milchreis
400 ml	Wasser
200 ml	Kokosmilch aus der Dose
2 EL	Cranberries
2 EL	Süßungsmittel nach Wahl *

Zubereitung:

♦ **Reis** in einem Sieb abspülen und in einem Topf mit **Wasser** erhitzen. Nach dem Aufkochen bei mittlerer Hitze 10 Minuten köcheln lassen

♦ **Kokosmilch** und **Cranberries** zum **Reis** geben und weitere 5 Minuten köcheln lassen

♦ Mit **Süßungsmittel** süßen und servieren

Die Vitamindetektive

Kapitel 2

Seit dem ersten Treffen von Joni, Kommissar
Krümmelkeks, Moks und Stief waren mittlerweile einige
Tage vergangen und die beiden sind bereits des Öfteren zu
Besuch gekommen.

So auch an diesem Tag. Jonathan und sein Onkel waren
schon sehr früh aufgestanden und es gab bereits um sechs
Uhr Frühstück.
„Der frühe Vogel fängt den Wurm.", pflegte Krümmelkeks
immer zu sagen.
Joni streckte sich und gähnte.
„Onkel Anton, mich würde wirklich interessieren, wie unsere
neuen Freunde so leben."
„Ja, das wäre wirklich sicher spannend.", stimmte Onkel
Anton zu.
Gestärkt vom Frühstück machten sie sich auf den Weg
Richtung Park. Selbstverständlich war auch Luna mit.

Bei wunderbarem Wetter steuerten die drei raschen Schrittes auf den Park zu.

Dieser war nur eine Viertelstunde von Krümmelkeks Bleibe entfernt und ein schöner Weg, abseits von der Hauptstraße, führte direkt hin.

Aufgrund der frühen Uhrzeit waren nur vereinzelt Menschen unterwegs.

„Onkel Anton, ich liebe diese Stille. Es ist so still, dass man sogar die Vögel zwitschern hört und den Wind, wie er das Laub der Bäume dieser Allee bewegt.", freute sich Joni.

„Ja, ich genieße es auch. Ich bin zwar sehr gern unter Leuten, ansonsten wäre ja mein Beruf unausführbar, mit all den Krawall machenden jungen Menschen um mich. Aber so richtig Energie tanken kann ich nur, wenn es ruhig ist und ich meinen Gedanken nachhängen kann."

Für einige Minuten liefen sie schweigend nebeneinander her und sogen die frische Luft und das Ambiente in sich auf.

Im Park angekommen durfte Luna von der Leine. Erfreut rannte sie los und hetzte über den Rasen hin und her.

„Möchtest du einen Schluck Wasser, Joni?", fragte Krümmelkeks und hielt ihm seine Glasflasche hin.

„Gerne, Onkel Anton.", antwortete dieser, setzte an und nahm einen Riesenschluck.

„Mhm. Es gibt nichts Besseres als klares Wasser, wenn man Durst hat.", meinte Joni.

„Da hast du definitiv recht. Nichts kommt an Wasser ran, da hat der liebe Gott genau gewusst, was er für uns erschafft.", bestätigte der Professor.

„Unser Körper braucht es zum Überleben und nichts erfrischt uns so sehr. Gleich nach dem Aufstehen trinke ich immer ein großes Glas, um meine Organe so richtig durchzuspülen. Am besten geht es mir, wenn ich eine halbe Stunde vor den Mahlzeiten Wasser trinke und erst wieder ab einer halben Stunde danach. Damit erleichtere ich meinem Magen die Verdauung.", führte er weiter aus, ganz in seinem Element.

„Wasser ist nicht nur als Getränk perfekt, es hat auch eine heilende Wirkung. Sei es als Wechselbad oder zum Inhalieren mit Salz angereichert. Es ist ein wahrer Alleskönner."

„Schade, dass es heutzutage so viele Leute nicht mehr schätzen können und stattdessen überzuckerte Limonaden, Säfte oder Kaffee in großen Mengen trinken.", meinte Joni nachdenklich.

Die beiden beobachteten Luna beim Spielen im Park.
„Luna, möchtest du auch etwas Wasser?", rief Joni.
Luna hielt in ihrer momentanen Bewegung inne und lief schnurstracks auf Joni zu.
Der Junge hielt seine Hände trichterförmig zusammen und der Professor goss Wasser hinein, welches Luna sofort gierig aufschleckte.
Jonathan kicherte. „Das kitzelt, Luna.", prustete er hinaus.

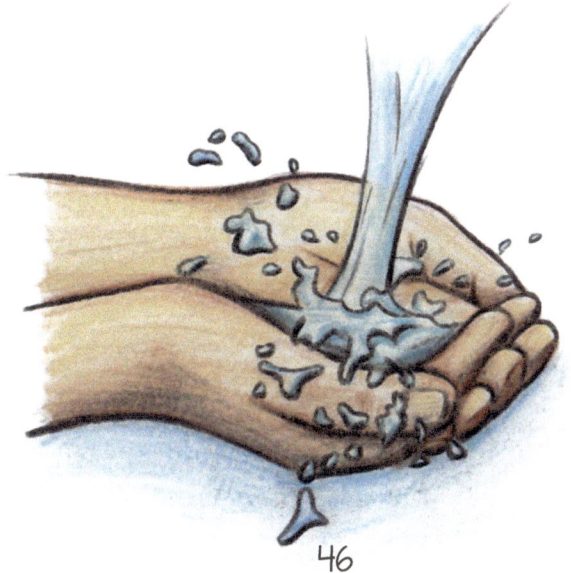

Nachdem sie eine Zeit lang mit Luna gespielt hatten, machte sich Joni's Magen lautstark bemerkbar.

„Onkel Anton, ich glaube, ich bin wieder ein bisschen hungrig.", sagte er. „Kaum zu überhören.", antwortete dieser, „Komm, wir machen uns auf den Weg zurück und ich bereite uns eine Kleinigkeit zu."

Joni pfiff nach Luna und sie kam sofort angetrabt.

Den Rückweg verbrachten Krümmelkeks und Jonathan wieder schweigend.

Dabei beobachtete Jonathan einen Schmetterling, der sich majestätisch durch die Lüfte schwang.

Während sein Blick dem Schmetterling folgte, konnte er auch noch einen kurzen Moment lang ein Eichhörnchen sehen, welches gerade einen Baum hochkletterte.

Als sie wieder zu Hause angekommen waren, dauerte es nicht lange und es klopfte an der Kellertüre.

Tok-tok-tok. Kurze Pause. Tok-tok-tok.

Joni sprang auf und rannte erfreut los.

„Guten Morgen, Moks und Stief", rief er, während er die Kellertür öffnete.

„Guten Morgen, ihr Siebenschläfer", antwortete Moks, „wir stehen hier schon seit einer halben Stunde und ihr schlaft gemütlich dahin."

„Oje, das tut mir leid, Moks. Wir haben aber gar nicht geschlafen, wir waren bereits im Park und sind gerade eben zurückgekommen.", verteidigte sich Joni.

„Achso, und wir sind schon extra-früh hergekommen, weil heute so ein wichtiger Tag ist."

„Wichtiger Tag? Kommt doch mal herein und erzählt."

„Also: Stief und ich haben uns gedacht, dass wir euch heute zu uns einladen.", sagte Moks und strahlte.

„Wirklich?", fragte Joni und riss die Augen auf. „Erst heute habe ich Onkel Anton gefragt, ob er nicht auch gespannt wäre, wie ihr so wohnt. Wir kommen sehr gerne, oder Onkel Anton?"

„Na klar. Guten Morgen, ihr zwei, wir nehmen eure Einladung an. Ich fülle nur schnell unsere Wasserflasche an und packe die Polentastifte ein, die ich gerade gemacht habe. Mögt ihr auch welche?", fragte der Professor schmunzelnd.

„Gerne.", antworteten Moks und Stief im Einklang.

Der Professor packte das Essen in eine Glasbox,
verschloss diese mit einem Deckel und gab alles
zusammen in einen Rucksack.

„Los geht's", sagte er freudig.

„Na dann: Los geht's", antwortete Stief.

„Ich würde vorschlagen, wir gehen unseren gewohnten
Weg über den Keller und ihr wartet beim Nachbarhaus vor
der Türe. Wir lassen euch dann rein. Bis gleich!" Der
Professor und Joni standen vor der Türe und klopften.

„Jaja, ein alter Moks ist kein Schnellzug.", vernahmen sie

Moks' Stimme von drinnen.

Ein Geächze und Gerumpel war klar und deutlich zu hören.

Nach einigen Minuten öffnete sich die Türe einen kleinen

Spalt weit. Moks schielte durch den Spalt und sagte: „Ja?

Wer sind Sie und was wollen Sie? Und bitte fassen Sie sich

kurz, wir bekommen Besuch. Und sollten Sie etwas

verkaufen: Wir haben alles und davon vermutlich zu viel."

„Moks, komm schon, lass uns rein.", jammerte Joni.

Woher kennen Sie meinen Namen, junge Dame.",

antwortete dieser.

„Ich bin's, Joni. Ich bin ein junger Herr, keine junge Dame."

Moks führte ein Monokel, das ist so etwas wie eine halbe

Brille, nur ohne Bügel, dafür meist mit einer Kette

ausgestattet, an sein linkes Auge.

„Tatsächlich.", sagte er verblüfft, „Warum habt ihr das nicht

gleich gesagt. Ihr lasst uns da ewig warten.", fügte er

schelmisch grinsend hinzu.

„Tut mir leid, dass es so lange gedauert hat. Wir mussten erst einen Stuhl zur Tür schieben, um an den Türknauf zu kommen, aber jetzt wollen wir nicht noch mehr Zeit vertrödeln. Kommt herein." Der Professor und Joni folgten Moks und Stief ins leere Haus und er führte sie zielstrebig Richtung Keller.

Joni hatte sich schon ausgemalt, wie der Keller in dem Moks und Stief wohnten, wohl aussehen würde. Erwartet hatte er nicht zu viel, aber was er nun sah, ließ seinen Atem kurz stocken.

Da es aufgrund des unbewohnten Zustandes im ganzen Haus keinen Strom gab, waren überall Kerzen und batteriebetriebene Lampen aufgestellt. In der Mitte hatten Moks und Stief einen schönen Tisch aufgebaut, der mit einem noch schöneren Tischtusch bedeckt war. Es sah richtig heimelig und gemütlich aus.

An den Wänden hingen viele bunte Bilder und es gab jede Menge ungewöhnliche Dinge zu entdecken.

„Wow. Es ist wirklich schön bei euch.", sagte der Professor und sprach damit Joni's Gedanken aus.

„Wo habt ihr all diese schönen Dinge her?", fragte Joni.

„Alles, was ihr hier seht, haben Menschen aus der Nachbarschaft weggeworfen.", erklärte Stief.

„Ihr seid so verwöhnt, dass ihr Dinge wegwerft, die nicht kaputt sind. Moks und ich haben gelernt, aus diesen Dingen neue Dinge zu machen. Oft reicht es, sie nur zu putzen, manchmal sind es kleinere Reparaturen oder einfach nur das Talent, etwas Besonderes in etwas Unscheinbarem zu sehen."

Die beiden hatten wirklich ganze Arbeit geleistet und aus weggeworfenen Dosen Instrumente gebaut, sei es eine Geige oder sogar eine Ukulele.

In einem zweiten Kellerraum befand sich der „Spielplatz", dessen Mittelpunkt eine Rutsche darstellte, welche nur ein paar gebrochene Leitersprossen hatte, als Stief sie fand. Liebevoll hat Moks diese durch ein zerschnittenes Rohr ausgetauscht und somit repariert.

Es gab auch ein Trapez, ein Trampolin und eine

Kletterwand. Anstelle der Klettergriffe hat Stief Holzstücke mit einer Feile angepasst und auch nicht näher identifizierbare Kunststoffblöcke waren mitangebracht.

In diesem Raum konnte man stundenlang Spaß haben. Und den hatten sie auch.

Während sie zusammen am Tisch saßen und die mitgebrachte Jause verzehrten, hörten sie Musik aus einem alten, aber noch funktionsfähigen, Kassettenrekorder. Dieser wurde inklusive einer beachtlichen Sammlung an Kassetten einfach im Sperrmüll entsorgt und dort wiederum von Stief gefunden.

„Es ist wirklich beeindruckend, was ihr hier geschaffen habt. Es macht mich aber zugleich auch nachdenklich, wie achtlos wir oft mit unseren Sachen umgehen.", meinte der Professor.

Sie blieben noch eine Weile und als es Mittag wurde, machten sich alle vier wieder zum Haus des Professors auf.

Joni und Krümmelkeks durch die Haustüre und Moks und Stief über ihre gewohnten Kellerwege.

Jause

PESTO
Zutaten:

1/2 Bund	Basilikum
1/2 TL	Salz
2 EL	Sonnenblumenkerne
1 EL	Walnüsse
100 ml	Olivenöl
1 EL	Zitronensaft

Snack Türmchen

Zutaten:

1 Pkg.	Tortilla Wraps	1	orange Paprika
100 g	Hummus		
4 - 5 EL	Pesto		Keksausstecher
1	rote Paprika		Zahnstocher

Zubereitung:

♦ **Tortilla Wraps** mit etwas Wasser bestreichen und im vorgeheizten Backrohr bei 180°C Umluft 2 - 5 Minuten backen

♦ **Paprika** waschen, entkernen und in Streifen schneiden

♦ Mit den **Keksausstechern** kleine Brote ausstechen. Eine Hälfte mit **Pesto** und die andere mit **Hummus** einstreichen

♦ Paprikastreifen so kürzen, dass sie auf die Brote passen und die Pestobrote damit bunt belegen

♦ Die Hummusbrote als Deckel über die belegten Brote legen und mit einem Zahnstocher fixieren

Polenta Stifte

Zutaten:

2 EL	pflanzliche Butter (BIO Alsan)	240 g	Polenta (Maisgrieß)
		1 l	Gemüsebrühe
1/2 TL	Salz	etwas	Olivenöl

Zubereitung:

◆ **Gemüsebrühe** aufkochen, die **Polenta** einrühren und die **Butter** und das **Salz** unterrühren. Die Platte ausschalten und alles 3 Minuten unter Rühren quellen lassen

◆ Ein Blech mit Backpapier auslegen und die noch heiße Masse mit der Rückseite eines Löffels gleichmäßig darauf verteilen.
Das Blech 10 Minuten zur Seite stellen und auskühlen lassen

◆ Fingerbreite Stifte aus der **Polentamasse** schneiden und auf ein mit Backpapier belegtes Backblech legen. Mit etwas **Olivenöl** einstreichen

◆ Im vorgeheizten Backrohr bei 180°C Umluft ca. 20 Minuten goldbraun backen

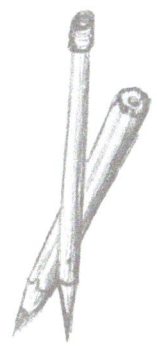

👫 3
🕐 15 Min.

Sandwich

Zutaten:

250 g	Räuchertofu	3 EL	Cashewmus
4	große Salatblätter		(oder Mandelmus)
1	rote Paprika	8	Scheiben Toastbrot
		etwas	Öl

Zubereitung:

♦ **Räuchertofu** in ca. 5 mm dicke Streifen schneiden.
   Etwas **Öl** in einer Pfanne erhitzen und den **Tofu** beidseitig knusprig
   braten.
   Auf Küchenpapier abtropfen lassen

♦ **Salatblätter** waschen und in handflächengroße Stücke reißen.
   Paprika waschen, vom Gehäuse und Stiel befreien und in 1 cm dicke
   Streifen schneiden

♦ Die Hälfte der **Toastscheiben** mit **Cashewmus** bestreichen. **Paprika** und
   Räuchertofu darauf verteilen und mit **Salat** abschließen

♦ Den Deckel darauf legen und etwas andrücken. Mit einem scharfen
   Messer diagonal vierteln

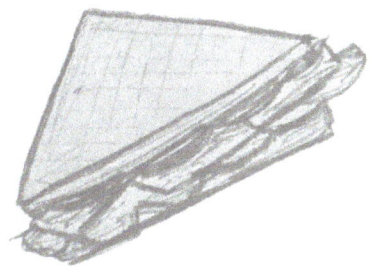

3
30 Min.

Dinkelstangen

Zutaten:

250 g	Dinkel Vollkornmehl
2	Karotten
1	Banane
80 ml	Olivenöl
1 Prise	Salz

Zubereitung:

♦ Die **Karotten** schälen und klein reiben. Die **Banane** mit einer Gabel zerdrücken und mit den **Karotten** und den **restlichen Zutaten** zu einer Masse kneten

♦ Nun aus der Masse 1 cm dicke Rollen formen und im vorgeheizten Backofen bei 180°C Umluft auf mittlerer Schiene 20 Minuten knusprig backen

Tasty Muffins

Zutaten:

100 g	Räuchertofu	200 ml	Hafersahne
1/2	Zwiebel	1/2 TL	Salz
100 g	Karotten	10 g	Sojamehl
1 EL	Petersilie	50 ml	Rapsöl
200 g	Dinkel Vollkornmehl	1 EL	Hefeflocken
50 g	Dinkelmehl glatt	70 g	veganer Käse (optional)
2 TL	Weinsteinbackpulver	etwas	Öl

Zubereitung:

♦ **Räuchertofu** und **Zwiebel** in kleine Würfel schneiden und mit etwas **Olivenöl** in einer Pfanne 3 - 5 Minuten anrösten

♦ **Karotten** schälen und raspeln. **Petersilie** klein hacken

♦ **Mehl, Weinsteinbackpulver, Salz, Sojamehl** und **Hefeflocken** in einer Schüssel mischen.
Hafersahne und **Rapsöl** mit dem Schüsselinhalt vermengen.
Räuchertofu, Zwiebeln, Karotten, Petersilie und optional **Käse** unter die Masse mischen

♦ Ein Muffinblech mit etwas **Öl** einpinseln und die Masse auf 12 Formen aufteilen

♦ Im vorgeheizten Backrohr bei 180°C 30 Minuten backen.
Abkühlen lassen und aus der Form stürzen

Knabberstangen

Zutaten:

1	Blätterteig	1 EL	Paprikapulver (edelsüß)
3 EL	Hafersahne	1 EL	Hefeflocken
	oder Olivenöl	1/2 TL	Salz
1 EL	Mohn		

Zubereitung:

♦ Den **Blätterteig** ausrollen und dünne 1 cm dicke Streifen schneiden

♦ Den **Blätterteig** mit **Hafersahne** oder **Olivenöl** einstreichen und 1/3 mit **Paprikapulver**, 1/3 mit **Hefeflocken** und 1/3 mit **Mohn** bestreuen. Alles leicht salzen

♦ Zwei Backbleche mit Backpapier auslegen. Jeweils einen Streifen zwirbeln und mit genügend Abstand zum nächsten auf dem Backpapier auslegen

♦ Im vorgeheizten Backrohr bei 180°C Umluft ca. 10 - 15 Minuten goldbraun backen

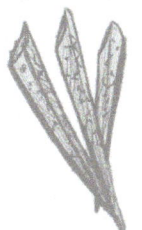

Maistaler

Zutaten:

60 g	Dinkel Vollkornmehl
150 g	Mais (abgetropft)
3 EL	Hafersahne
2 EL	Hefeflocken
1 EL	Sojamehl oder Speisestärke
1/2 TL	Salz
etwas	Öl oder Kokosöl

Zubereitung:

♦ **Alle Zutaten** in einer Schüssel mischen

♦ Ein Backblech mit Backpapier belegen.
Jeweils 2 EL von der Masse auf das Backpapier geben und Taler formen

♦ Im vorgeheizten Ofen bei 150°C Umluft 10 Minuten backen

♦ Kurz heraus nehmen, mit etwas **Öl** bestreichen und weitere 10 Minuten knusprig backen

Tomaten Ecken

Zutaten:

1	Blätterteig	2 EL	Sonnenblumenkerne
2	Fleischtomaten	1 EL	Walnüsse
1/2 Bund	Basilikum	100 ml	Olivenöl
1/2 TL	Salz	1 EL	Zitronensaft

Zubereitung:

♦ Die **Tomaten** waschen und in 5 - 10 mm dicke Scheiben schneiden

♦ **Basilkum, Salz, Sonnenblumenkerne, Walnüsse, Olivenöl** und **Zitronensaft** mit dem Pürierstab mixen

♦ Den **Blätterteig** ausrollen und in 12 gleich große Stücke schneiden. Jeweils 6 Stück Blätterteig-Ecken mit genügend Abstand dazwischen pro Backblech auslegen

♦ In die Mitte jedes Teigstücks ein **Tomatenstück** legen und mit 1 TL **Pesto** bestreichen

♦ Im vorgeheizten Backrohr bei 180°C ca. 10 - 15 Minuten goldbraun backen

👫 3
🕐 25 Min.

Pizza Schnecken

Zutaten:

1/2	Spaghetti Sauce von **Seite 97** oder 1 Glas Sugo	1 EL	Mandelmus (oder Cashewmus)
		100 ml	Wasser
2	Blätterteige	1 Prise	Salz
6 EL	Hefeflocken	1 EL	Hefeflocken
		2 EL	Semmelbröseln

Zubereitung:

♦ **Blätterteig** ausrollen und mit **Spaghetti Sauce** oder **Sugo** bestreichen.
3 EL **Hefeflocken** pro Teig darüber streuen und aufrollen

♦ Mit einem Brotmesser 1 cm dicke Scheiben herunterschneiden und auf ein
mit Backpapier belegtes Backblech legen

♦ **Wasser, Mandelmus, Hefeflocken** und **Salz** mischen und in einem
kleinen Topf kurz erhitzen bis das Mus leicht andickt.
Auf den Pizzaschnecken verteilen und mit **Semmelbröseln** bestreuen

♦ Im vorgeheizten Backrohr bei 180°C Umluft ca. 15 Minuten backen

Orange Ecken

Zutaten:

200 g	Karotten	2 TL	Sojamehl
100 ml	Hafersahne		oder Speisestärke
3 EL	Hefeflocken	60 g	Cashewmus
1 TL	Salz		(oder Mandelmus)
1 TL	Paprikapulver		
	(edelsüß)		

Zubereitung:

♦ **Karotten** schälen und klein reiben. Mit den **restlichen Zutaten** zu einer Masse kneten

♦ Ein Backblech mit Backpapier belegen und die Masse gleichmäßig darauf verteilen

♦ Im vorgeheizten Ofen bei 180°C Umluft 30 Minuten knusprig backen und auskühlen lassen

♦ Nun mit einem Pizzarad in Ecken schneiden oder mit Keksausstechern kleine Karottenkekse ausstechen

Die Vitamindetektive

Kapitel 3

Logischerweise fanden die Besuche von Moks und Stief
sehr oft genau zu den Mahlzeiten statt.

Moks versuchte diese Tatsache zu verschleiern, indem er
besonders stark auf die Zufälligkeit der Zeitwahl beharrte.
So auch heute.

Onkel Anton war gerade dabei, Spaghetti anzurichten, als
Moks und Stief bei der Kellertür hereinspazierten. Diese
war seit einigen Tagen nur mehr angelehnt, damit die zwei
kleinen Besucher jederzeit vorbeikommen konnten.

„Oh, ihr esst gerade. So ein Zufall. Da kommen wir am
besten etwas später noch einmal vorbei.", sagte Moks.

„Nein, schon gut. Bleibt nur und seid unsere Gäste.",
antwortete der Professor wie immer. Er war diese Besuche
mittlerweile gewöhnt und kochte automatisch immer 2 - 3
Portionen mehr als Joni und er benötigten.

2 - 3 Portionen deshalb, da zwar Moks die größere Klappe

hatte, aber Stief mit seiner schweigsamen Art anscheinend über mehr Zeit zum Essen und auch über die größeren Speicherkapazitäten verfügte.

Optisch offensichtlich, um ehrlich zu sein.

„Es schnt ls ob ihr nige Nchbian bkmt.", meinte Moks.

„Wie bitte? Es wäre sehr höflich, wenn du vor dem Sprechen runterschlucken würdest.

Vor allem verstehen wir dann auch, was du uns mitteilen willst, mein Lieber.", entgegnete Krümmelkeks.

Moks führte ein Glas Wasser an seinen Mund und spülte das Essen mit einem kräftigen Schluck hinunter. „Es scheint als ob ihr neue Nachbarn bekommt." wiederholte Moks, dieses Mal klar und deutlich.

„Im Nebenhaus auf der anderen Seite, also nicht in unserem Haus, waren in den letzten Tagen ein paar Handwerker und haben gearbeitet. Ich bin gespannt, wer da einzieht."

„Neue Nachbarn! Ich hoffe, sie haben auch Kinder. Mit denen kann ich dann spielen.", rief Joni mit strahlenden Augen.

„Naja, spielen kannst du ja mit uns auch.", entgegnete Moks etwas beleidigt.

Er verschränkte die Arme und schmollte.

„Ach, Moks. Das ist doch nicht das Gleiche. Natürlich spiele ich mit euch beiden gern, vor allem auf eurem tollen Spielplatz, aber mit Kindern könnte ich auch im Freien spielen. Euch darf doch niemand sehen."

Stief sog mit lauten Geräuschen eine Nudel ein.
„Hmm, ich bin mir nicht ganz sicher, ob sie Kinder haben.",
warf er ein. „Ich vermute fast, dass die neuen Nachbarn
zwei Männer sind.

Die waren nämlich schon vor ein paar Wochen hier, um das Haus zu besichtigen. Seitdem kam niemand mehr, außer den besagten Handwerkern."

Schweigend aber nicht geräuschlos aß die Gemeinschaft weiter.

Stief rollte die Spaghetti fachmännisch mit einer Gabel am Teller auf.

„Ich muss schon sagen, dieses Fleisch in deiner Sauce ist sehr gut.", meinte er.

„Fleisch? Das findest du in dieser Sauce bestimmt nicht. Das ist Tofu. Tofu wird aus einem Sojabohnen-Teig gemacht und kommt ursprünglich aus China. Vor wenigen Jahren war er in erster Linie im asiatischen Raum verbreitet, doch mittlerweile bekommt man Tofu überall. Tofu enthält viel Eiweiß und ist in vielen unterschiedlichen Arten zu finden: Hart, weich, süß und pikant – alles was das Herz begehrt.

Damals wäre es noch unvorstellbar gewesen, dass Tofu in Verbindung mit Spaghetti, die typisch italienisch sind, zubereitet und serviert wird.

Aber wie vom Tofu gibt es auch von Spaghetti die unterschiedlichsten Varianten. Klassisch aus Hartweizengrieß, aber auch aus Kamut, Dinkel, Hirse und vielen anderen Getreidearten.
Jede Art von Spaghetti schmeckt anders und die Herstellung wird an manchen Orten noch von Hand gemacht, anderswo in großen Fabriken von Maschinen."

„Aber um zum Thema Nachbarn zurückzukommen: Lassen wir uns überraschen. Wenn bereits die Handwerker arbeiten, kann es nicht mehr lange dauern.", sagte der Professor.

„Wir könnten, sobald die neuen Nachbarn eingezogen sind, klingeln und ihnen einen Kuchen vorbeibringen, da freuen sie sich bestimmt.", schlug Joni vor.

„Ja, eine hervorragende Idee", bestätigte Moks, „aber dieser Kuchen sollte richtig, richtig gut schmecken. Wer würde sich schon über einen schlechten Kuchen freuen. Aber über einen perfekten Kuchen... Da hätte ich eine riesengroße Freude damit. Wisst ihr was, ich habe euch in den letzten Tagen so lieb gewonnen, dass ich mich dazu bereit erkläre, euch dabei zu helfen, einen perfekten Kuchen zu backen."

„Ja, da bin ich auch dabei.", warf Stief ein.

„Wie stellt ihr euch das vor?", fragte der Professor.

„Na ganz einfach", antwortete Moks, „ihr zwei backt, Stief und ich essen und geben euch Tipps, wie ihr den Kuchen noch verbessern könnt. Und das machen wir so lange, bis euch der perfekte Kuchen gelungen ist.

Dann braucht ihr den perfekten Kuchen nur ein zweites Mal zu backen und Tataaaa: Der perfekte Kuchen wurde in hervorragender Zusammenarbeit entwickelt."

Krümmelkeks und Joni sahen sich an und lachten. „Dein
Vorschlag überrascht mich nicht, lieber Freund. Auch die
‚Arbeitsteilung' war vorhersehbar. Was meinst du, Joni?"
„Ja, aber lass es uns so machen, Onkel Anton, bitte.
Unsere Konditorfähigkeiten und der Gourmet-Gaumen
dieser Vielfraße sind eine tolle Kombination, um einen
„Besten-Kuchen-aller-Zeiten" zu backen.", antwortete Joni.

Den restlichen Nachmittag kauften Krümmelkeks und Joni alles für den bevorstehenden Kuchenbackmarathon ein und experimentierten mit neuen Ideen und Rezepten.

Stief und Moks verbrachten die Zeit damit, zu kosten, zu kritisieren, zu beraten und zu loben.

Am Ende des Tages hatten Onkel Anton und Joni beinahe keine Nerven mehr, aber all die Mühen hatten sich gelohnt.

Es war ihnen ein wahres Meisterwerk gelungen und zufrieden und mit einem Lächeln im Gesicht verabschiedeten sie sich voneinander und gingen zu Bett.

Mittagessen

Alternativ zum Braten in der Pfanne
können die Vischstäbchen auch im
Backrohr bei 180°C Umluft
20 - 25 Minuten gebacken werden

Vischstäbchen

Zutaten:

400 g	Tofu (natur)	80 ml	pflanzliche Milch *
50 g	Cashewkerne	6 - 7	Kartoffeln
6 EL	Basilikum	3 EL	Olivenöl
20 g	Hefeflocken	1 TL	Salz
2	Knoblauchzehen	2 TL	Paprikapulver (edelsüß)
50 g	Semmelbrösel		
1 TL	Salz		Öl zum Panieren
50 g	Mehl		Zitronenscheiben

Zubereitung:

♦ **Cashewkerne** klein hacken und mit etwas Salz in einer Pfanne ohne Öl 2 - 3 Minuten rösten

♦ **Basilikum** putzen und klein hacken.
Gemeinsam mit den **Cashewkernen, Hefeflocken, zerdrückten Knoblauchzehen, Semmelbrösel** und **Salz** in einer Schüssel mischen

♦ **Tofu** in 2 cm dicke Streifen schneiden.
Für die Panade noch eine Schüssel mit **Mehl** und eine mit **pflanzlicher Milch** bereitstellen.
Den **Tofu** zuerst bemehlen, dann durch die **Milch** ziehen und mit der Paniermischung gut bedecken

♦ Die **Kartoffeln** schälen und vierteln.
Mit **Olivenöl, Salz** und **Parikapulver** einstreichen und auf einem mit Backpapier belegten Backblech verteilen.
Im vorgeheizten Backrohr bei 180°C 15 - 20 Minuten backen

♦ Etwas **Öl** in einer beschichteten Pfanne erhitzen und die Stäbchen darin beidseitig knusprig braten.
Auf Küchenpapier abtropfen lassen

♦ Die Vischstäbchen mit **Zitronenscheiben** und Kartoffeln anrichten

👫 3

🕐 30 Min.
 + 40 Min.

Flammkuchen

Zutaten:

250 g	BIO Dinkelmehl
250 g	Dinkel Vollkornmehl
1 Pkg.	Trockenhefe
3 EL	Olivenöl
1 TL	Salz
250 ml	Wasser (lauwarm)
1 TL	Süßungsmittel nach Wahl *

für die süße Variante:

30 g	Cashewmus
100 ml	Wasser
1/2 TL	Vanillepulver
1 EL	Süßungsmittel nach Wahl *

frische Früchte für den Belag

für die pikante Variante:

150 ml	Hafersahne
2 EL	Mehl
1 EL	Olivenöl
1 TL	Zitronensaft
1 Prise	Salz

frisches Gemüse für den Belag

Zubereitung:

♦ Für den **Flammkuchen alle Zutaten** verkneten und an einem warmen Ort 40 Minuten zugedeckt gehen lassen.
Dann zu dünnen Fladen ausrollen

♦ Für die pikanten Flammkuchen **5 Minuten** und für die süßen Flammkuchen **10 Minuten** im vorgeheizten Ofen bei 180°C knusprig backen

Süße Flammkuchen:

♦ **Cashewmus, Wasser, Süßungsmittel** und **Vanillepulver** mischen und auf die fertigen Fladen streichen

♦ **Früchte** putzen/waschen und in dünne Scheiben schneiden.
Die süßen Flammkuchen damit belegen und servieren

Pikante Flammkuchen:

♦ **Sahne, Mehl, Öl, Zitronensaft** und **Salz** vermengen und die Fladen damit bestreichen

♦ **Gemüse** waschen und in dünne Scheiben schneiden. Mit etwas **Öl** in der Pfanne kurz anbraten und die Flammkuchen damit belegen

♦ 5 Minuten im Ofen backen

👫 3
🕐 I Std.

GnoKi

Zutaten:

500 g	mehlige Kartoffeln	**PESTO**	
250 g	Mehl	200 g	Petersilie
50 g	Weichweizen Grieß	4 - 5	Sonnenblumenkerne
	(oder Vollkorngrieß)	100 ml	Olivenöl
1 TL	Salz	1/2 TL	Salz
1 Prise	Muskatnuss		
1 EL	Ei-Ersatz oder Sojamehl	**TOMATENSAUCE**	
		4 - 5	Kirschtomaten
	etwas Mehl	250 ml	Tomatensauce
		1 EL	Süßungsmittel nach Wahl *
		1 Prise	Salz
		etwas	Öl

Zubereitung:

♦ **Kartoffeln** schälen und in reichlich gesalzenem Wasser ca. 15 Minuten weich kochen.
Mit einem Stampfer zu Püree verarbeiten und kurz auskühlen lassen.
Mit den **restlichen Zutaten** mischen und zu einem Teig kneten

♦ Auf einer bemehlten Arbeitsfläche eine fingerdicke Rolle ausrollen und 1 cm große Stücke abschneiden. Die Stücke zu Kugeln rollen, mit einer Gabel flach drücken und mit etwas Mehl bestreuen (verhindert das Zusammenkleben der einzelnen Gnocchis)

♦ In reichlich Salzwasser die Gnocchis 5 - 10 Minuten bissfest kochen.
Mit **Tomatensauce** oder **Pesto** heiß servieren

PESTO

♦ **Alle Zutaten** für das Pesto in einem Gefäß mit dem Pürierstab mixen und mit Salz abschmecken

TOMATENSAUCE

♦ **Tomaten** waschen und halbieren. Etwas **Öl** in einer Pfanne erhitzen und die **Tomaten** 3 - 5 Minuten anrösten

♦ **Tomatensauce, Süßungsmittel** und **Salz** hinzufügen und weitere 5 Minuten köcheln lassen

Nudeln mit Baumpesto

Zutaten:

200 g	Vollkornnudeln
100 g	Brokkoli
3 EL	Basilikum
50 ml	Gemüsebrühe
50 g	Mandelmus (oder Mandelblätter)
50 ml	Olivenöl
1 Prise	Salz
1 EL	Zitronensaft

Zubereitung:

♦ **Nudeln** in reichlich Salzwasser bissfest kochen

♦ **Brokkoli** in Röschen zerteilen und in etwas Salzwasser 5 Minuten garen

♦ Für das Pesto **Brokkoli, Basilikum, Gemüsebrühe, Mandelmus, Olivenöl und Zitronensaft** mixen und mit Salz abschmecken

♦ Die Nudeln auf Tellern anrichten und mit dem Pesto toppen

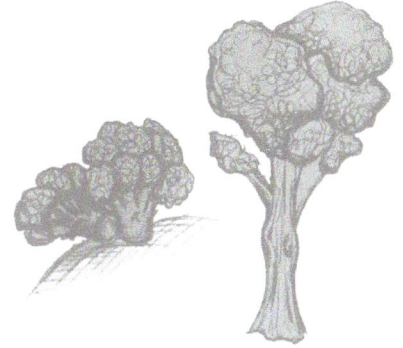

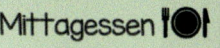

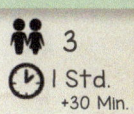

Türmchen mit Mondkäse

Zutaten:

1 - 2 große	Zucchini	**MONDKÄSE**	
etwas	Salz	3 EL	Flohsamenschalen
		250 ml	Wasser
PANADE		80 g	Cashewmus
100 ml	pflanzliche Milch *	2 EL	pflanzliche Butter
2 EL	Zitronensaft		(BIO Alsan)
100 ml	pflanzliche Sahne	3 EL	Zitronensaft
50 g	Vollkornmehl	1 1/2 EL	Mohn
	Semmelbrösel	2 TL	Salz
	Vollkornmehl	3 EL	Hefeflocken
	Olivenöl/Kokosfett	1 TL	Knoblauchgranulat

Zubereitung:

♦ Für den Mondkäse die **Flohsamenschalen** mit **heißem Wasser** mischen und quellen lassen

♦ Mit den **restlichen Zutaten** für den Mondkäse gut mischen, zu einer Rolle formen und im Kühlschrank abkühlen lassen

♦ **Zucchini** waschen und in 5 - 10 mm dicke Scheiben schneiden. Mit **Salz** bestreuen

♦ Den Mondkäse aus dem Kühlschrank nehmen und in 1 cm dicke Stücke schneiden.
Zwischen zwei Zucchinischeiben jeweils ein Käsestück legen

♦ **Pflanzliche Milch, Zitronensaft, Sahne** und 50 g **Vollkornmehl** in einem tiefen Gefäß mischen und eventuell salzen

♦ Ein Gefäß mit **Mehl** und eines mit **Semmelbröseln** vorbereiten.
Nun die Zucchinitürmchen vorsichtig mit **Mehl** bestäuben, dann in die flüssige Paniermischung tauchen und anschließend mit den **Semmelbröseln** gut bedecken

♦ **Olivenöl oder Kokosfett** zum Ausbacken in einer Pfanne erhitzen und die Zucchini-Türmchen auf beiden Seiten goldbraun backen

👫 3

🕐 20 Min.

Spaghetti Kids Bolo

Zutaten:

1 Pkg.	Vollkornspaghetti	2 EL	Süßungsmittel nach Wahl *
250 g	Tofu (natur)	150 ml	Gemüsebrühe
1	Zwiebel	300 g	passierte Tomaten
etwas	Olivenöl	etwas	Salz
1 EL	Oregano	1 Bund	Basilikum
200 g	Tomatenmark		

Zubereitung:

♦ Einen großen Topf mit gesalzenem Wasser zum Kochen bringen und die **Spaghetti** bissfest kochen

♦ **Tofu** mit einer Gabel oder mit den gewaschenen Fingern in einer Schüssel zerbröseln.
Etwas **Olivenöl** in einer beschichteten Pfanne erhitzen und den **Tofu** ca. 5 Minuten anrösten

♦ **Zwiebel** in kleine Stücke schneiden, mit **Oregano** in die Pfanne geben und 2 Minuten glasig dünsten

♦ **Tomatenmark** und **Süßungsmittel** hinzufügen und alles gut miteinander mischen. Die Sauce 2 Minuten karamellisieren lassen, mit der **Gemüsebrühe** und den **passierten Tomaten** ablöschen und aufkochen lassen.
Dann die Pfanne von der Herdplatte nehmen

♦ Etwas **Basilikum** für die Garnierung zur Seite legen und den Rest klein schneiden.
Die Sauce mit **Salz** abschmecken und mit **Basilikum** mischen

♦ Die fertigen Spaghetti auf Tellern anrichten,
Sauce darauf verteilen und mit **Basilikum** garnieren

Anni's spanische Reispfanne

Zutaten:

1	Zwiebel
2 EL	Olivenöl
3	Knoblauchzehen
230 g	Naturreis (vorgekocht)
3	Tomaten
2	rote Paprika
1	Zucchini
500 ml	Gemüsebrühe
1 EL	Paprikapulver (edelsüß)
1/2 TL	Kurkuma
1 TL	Petersilie
1/2 TL	Salz

Zubereitung:

- **Zwiebel** schälen und in kleine Stücke schneiden

- **Olivenöl** in einem Topf erhitzen und die **Zwiebel** mit den zerdrückten **Knoblauchzehen** 3 - 4 Minuten glasig dünsten

- **Reis** in den Topf geben und unter Rühren 2 Minuten mitbraten

- **Tomaten, Paprika** und **Zucchini** in Würfel schneiden

- Gemüse unter die Reismischung rühren und 2 Minuten mitbraten. Mit der **Gemüsebrühe** ablöschen, den **restlichen Gewürzen** abschmecken und 15 - 20 Minuten köcheln lassen

- Sobald der Reis bissfest ist, kann die Reispfanne heiß serviert werden

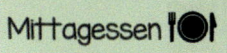

Herzpizza

Zutaten:

SAUCE

250 ml	Wasser
1 EL	Maisstärke
1 TL	Agar-Agar
4 EL	Hefeflocken
1/2 TL	Knoblauchpulver
1 TL	Salz
1 TL	Paprikapulver (edelsüß)
1 TL	getrocknetes Basilikum
40 g	Cashewmus
1 EL	Zitronensaft

TEIG

250 g	Vollkornmehl
1/2 Pkg.	Hefe
75 g	gemahlene Nüsse
150 ml	Wasser
1 TL	Salz

BELAG

200 g	Tomatenmark
100 ml	Wasser
1 EL	Süßungsmittel nach Wahl *
1 TL	Oregano
optional	Mandarella **Seite 164**

Zubereitung:

♦ Für die Pizzasauce **kaltes Wasser** in einem Topf mit **Maisstärke** und **Agar-Agar** mischen und aufkochen lassen.
Die **übrigen Zutaten** für die Sauce hinzufügen und mixen. Von der heißen Herdplatte nehmen und auskühlen lassen

♦ **Alle Zutaten** für den Teig in einer großen Schüssel mischen und mit den Knethaken des Handrührgeräts zu einem Teig verarbeiten.
Wenn der Teig zu flüssig ist, noch etwas Mehl hinzufügen. Mit einem Küchentuch abdecken und 10 Minuten ruhen lassen.

♦ Den Teig auf zwei mit Backpapier ausgelegten Backblechen verteilen (in Herzform). Mit der Rückseite eines in Wasser getauchten Löffels geht das Ausstreichen leicht.
Die Pizzaböden in den vorgeheizten Ofen schieben und 5 Minuten bei 180°C Umluft backen

♦ **Tomatenmark** mit **Wasser, Süßungsmittel, Oregano** und etwas **Salz** in einer kleinen Schüssel mischen. Die vorgebackenen Pizzaböden aus dem Ofen nehmen und mit der Tomatensauce einstreichen

♦ Die Pizzasauce durchmixen und in einen Spritzbeutel füllen.
Pizzaböden damit bedecken und nach Belieben belegen.
Bei 180°C Umluft 10 - 15 Minuten fertig backen

„Käse"nudeln

Zutaten:

250 g	Vollkorn Makkaroni	1 TL	Zitronensaft
		1 TL	Salz
SAUCE:		1/2 TL	Knoblauchpulver
1 1/2 TL	Flohsamenschalen	1 TL	Zwiebelpulver
150 ml	Wasser (heiß)	4 EL	Hefeflocken
400 ml	Wasser	1 TL	Speisestärke
1 TL	Paprikapulver	1 EL	pflanzliche Butter
30 g	Mandelmus		(BIO Alsan)

Zubereitung:

◆ Die **Makkaroni** in reichlich gesalzenem Wasser 10 Minuten bissfest kochen.
Die Nudeln sollten nicht ganz weich sein, da sie im Ofen nochmals Sauce aufnehmen werden.

◆ Die **Flohsamenschalen** mit dem **heißen Wasser** mischen und 10 Minuten quellen lassen. Immer wieder umrühren.

◆ **Alle Zutaten für die Sauce** in einer Schüssel mischen und mit dem Pürierstab durchmixen.

◆ Die Nudeln mit der Sauce vermengen und in eine mit Öl eingefettete Auflaufform füllen.

◆ Im vorgeheizten Backrohr bei 180° C Umluft ca. 30 Minuten knusprig backen.

Burger Brötchen

Zutaten:

500 g	Vollkornmehl
2 EL	Agavendicksaft
1 ½ Tl	Salz
1 Pkg	Trockengerm
250 ml	Sojadrink
150 ml	lauwarmes Wasser
2 EL	Öl
2 - 3 EL	Sesam

Alle Zutaten bis auf Sesam mischen und abgedeckt an einem warmen Ort rasten lassen.

Danach Miniburger formen, mit Sesam bestreuen und im Ofen bei 180° C 25 - 30 Minuten backen.

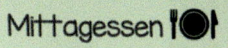

Mini Burger

Zutaten:

6	Burgerbrötchen	150 g	Grünkern
1	Gurke	300 ml	Gemüsebrühe
1	Paprika rot	2 -3 EL	Sojasauce
5 - 6	Salatblätter	50 g	Semmelbrösel
	Ketchup	1 EL	Ei-Ersatz
			(oder Speisestärke)
		etwas	Öl

Zubereitung:

♦ **Gemüsebrühe** erhitzen, den Grünkern darin 10 Minuten weich kochen und abseien

♦ **Grünkern, Sojasauce** und **Ei-Ersatz** mixen.
Semmelbrösel darunter rühren und verkneten

♦ Mit feuchten Händen Laibchen formen und in etwas **Öl** beidseitig heraus braten

♦ **Salat, Gurke** und **Paprika** waschen. **Salat** in kleine Stücke reißen, **Paprika** in Stifte und **Gurke** in dünne Scheiben schneiden

♦ **Burgerbrötchen** halbieren und mit **Ketchup** bestreichen.
Gurkenscheiben darauf verteilen, Grünkern Laibchen darauf legen und mit **Paprika, Salat** und dem Brotdeckel abschließen

Die Vitamindetektive

Kapitel 4

Am nächsten Morgen sprang Joni voller Vorfreude und
bestens gelaunt aus dem Bett.

„Onkel Aaaaaanton! Bist du schon wach?", rief er
lauthals.

„Ja, mein Lieber, ich bin schon in der Küche. Aber, wenn
ich noch nicht wach wäre, wäre ich es spätestens jetzt
gewesen.", antwortet der Professor schmunzelnd.

Joni schlüpfte in seine Hausschuhe und machte sich auf
den Weg ins Badezimmer.

Dort angekommen blickte er in den Spiegel und ein noch
etwas zerknitterter Jonathan schaute ihm entgegen.

Er drehte den Wasserhahn auf und testete mit einem
Finger die Temperatur.

Mit Seife und Wasser wusch er sich das Gesicht und die
Hände und als er damit fertig war, kamen die Zähne an
die Reihe.

Auch die wollten glänzen und mit geputzten Zähnen

kann man einem neuen Tag viel leichter lächelnd
begegnen.

Er wechselte vom Pyjama in eine schöne Hose und ein
nettes Hemd, schließlich stand heute der Besuch bei den
neuen Nachbarn am Programm.

„Wie du kommst gegangen, so wirst du empfangen.",
pflegte Onkel Anton zu sagen, wenn Jonathan meinte,
dass man im Jogginganzug in feine Restaurants, zu
Terminen oder in die Kirche wesentlich bequemer gehen
könne. Aber wie so oft hatte Onkel Anton natürlich recht
und eigentlich, um ehrlich zu sein, war es schön, sich
ordentlich zu kleiden.

Als er fertig angezogen war, überwand er die Strecke
vom ersten Stock ins Erdgeschoß, wie üblich, rutschend
über das Geländer.

Das sparte Zeit und war lustig obendrauf.

In der Küche angekommen, begrüßte Onkel Anton ihn:

„Guten Morgen, mein Lieber. Hast du gut geschlafen?"

„Ja, tief und fest. Aber geträumt habe ich nichts.",
antwortete Joni.

„Wann wollen wir die Nachbarn besuchen?"

„Ich würde vorschlagen, nach dem Frühstück gehen wir
mit Luna raus und danach. So gegen zehn Uhr."

Vom Spaziergang zurück, stürmte Jonathan sogleich in die Küche um den liebevoll gebackenen „Besten-Kuchen-aller-Zeiten" zu holen.

Die Aufgabenteilung für den Ausflug hatten sie noch gestern Abend besprochen: Jonathan würde den Kuchen tragen und überreichen, Onkel Anton kümmert sich um die Vorstellung von ihnen.

Gespannt machten sich die beiden auf den Weg zum Nachbarhaus.

„Kling-ling-ling", tönte die Glocke.

Der Professor wartete eine Weile und betätigte dann nochmals den Schalter. „Kling-ling-ling".

Von innen hörten sie Schritte, die sich der Tür näherten.

Krümmelkeks beobachtete, dass sich der Türspion kurzzeitig verdunkelte.

Der neue Nachbar schien sie gerade zu begutachten.

Anton und Jonathan konnten hören, wie die Tür entsperrt und entriegelt wurde und als sich die Tür öffnete, hielten beide kurz vor Aufregung die Luft an.

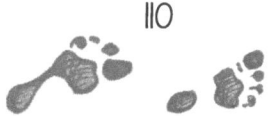

Die Tür öffnete sich nur einen Spalt, soweit es die Kette,
die zusätzlich zum Riegel und zum Schloss montiert war,
zuließ.

Zwei unrasierte, mürrisch wirkende Gesellen blickten
ihnen nicht allzu freundlich entgegen.

„Ja?", sagte einer der beiden.

Krümmelkeks räusperte sich: „Einen wunderschönen
guten Morgen wünschen wir. Mein Name ist Professor
Krümmelkeks und das ist mein Neffe Jonathan. Wir
wohnen gleich nebenan und haben uns gedacht, dass es
nett wäre, auf ein kurzes Hallo vorbeizukommen."

„Hallo.", antwortete der Grießgram und schien die ausgestreckte Hand vom Professor nicht zu sehen. Auch die von Jonathan bemerkte er anscheinend nicht.

Der Professor räusperte sich. Irgendwie schien sein Hals mit Sand belegt zu sein.

„Ähm… Wir haben uns gedacht, als kleines Willkommensgeschenk und um der guten Nachbarschaft willen, überbringen wir den „Beste-Kuchen-aller-Zeiten".", sagte er und quälte sich ein Lächeln ab.

„Danke. Stellen Sie den Kuchen vor die Tür. Auf Wiedersehen.", antwortete sein Gegenüber kurz und schloss die Tür.

Krümmelkeks und Jonathan blickten sich an, beide baff und erstaunt über den Verlauf des Besuchs. Diesen hatten sich beide wahrlich anders vorgestellt.

Zögernd stellte der Professor den Kuchen am Boden ab und schweigend, mit hängenden Köpfen, traten sie den Heimweg an.

Zu Hause angekommen, setzten sie sich seufzend an
den Tisch.

Jonathan sah sehr traurig und enttäuscht aus.
„Nimm's nicht so schwer, Junge. Manche Menschen sind
leider nicht so aufgeschlossen und freundlich wie unsere
neuen Bekannten aus dem Keller nebenan. Nimm es dir
nicht so zu Herzen."
„Aber ich habe doch gehofft, dass die neuen Nachbarn
lieb sind.", antwortete Joni mit Tränen in den Augen.
„Dabei haben wir uns solche Mühe mit dem Kuchen
gemacht.", schluchzte er.

„Kuchen. Das ist ein gutes Stichwort. Möchtest du als kleinen Trost leckere Pfannkuchen haben?", fragte Krümmelkeks tröstend.

„Ja, gerne, Onkel Anton.", antwortete Joni und nahm die Zeitung vom Tisch.
In der Zeitung standen auch nicht wirklich erbauliche Neuigkeiten.

Seit einiger Zeit trieb in der Stadt eine Diebesbande ihr Unwesen, die sich auf Gemälde in Privatbesitz spezialisiert hatte.

Die Kunstwerke wurden in der Nacht aus Häusern und Wohnungen gestohlen, wenn die Besitzer gerade außer Haus waren. Bis jetzt hatte die Polizei noch keine Spuren und tappte im Dunkeln.

Mit einem Seufzer schob Jonathan die Zeitung wieder zur Seite.

„Ich wünschte, Moks und Stief würden vorbeikommen. Dann könnten wir mit ihnen spielen und uns so die Zeit vertreiben."

Doch die zwei lustigen Kerle ließen sich weder an diesem, noch am nächsten Tag blicken.

So verging beinahe eine ganze Woche.

Nachspeise

👫 4 +

🕐 70 Min.

Banana Joe

Zutaten:

TEIG

250 g	gemahlene Mandeln
150 g	Zucker
250 g	Vollkorngrieß
1 Pkg.	Vanillezucker
1 Pkg.	Weinsteinbackpulver
550 ml	pflanzliche Milch *
	(Vanille)

BELAG

200 g	Erdbeermarmelade
4 - 5	reife Bananen
200 g	dunkle Kuvertüre
100 g	pflanzliche Butter
	(zimmerwarm)

CREME

1 Pkg.	Vanillepuddingpulver
500 ml	pflanzliche Milch *
	(Vanille)
1 Pkg.	Vanillezucker
125 g	pflanzliche Butter
	(BIO Alsan)

Zubereitung:

♦ **Alle trockenen Zutaten** für den Teig in einer Schüssel mischen und mit der **Milch** vermengen. Auf einem mit Backpapier belegen Backblech verteilen. Die Masse ist sehr flüssig, wird aber im Ofen fest

♦ Bei 180°C Ober- und Unterhitze auf der untersten Schiene 50 Minuten backen. Das Blech aus dem Ofen nehmen und auskühlen lassen. Danach mit **Erdbeermarmelade** bestreichen

♦ **Bananen** schälen und längs in dünne Scheiben schneiden. Flächendeckend auf dem Kuchenboden verteilen

♦ **Vanillepudding** nach Packungsanleitung mit der **Vanillemilch** kochen und im Kühlschrank kalt werden lassen

♦ **Butter** in kleine Stücke schneiden. Mit **Vanillezucker** 2 Minuten cremig schlagen Den erkalteten Vanillepudding dazu geben und alles nochmals aufschlagen

♦ Die Creme gleichmäßig auf den Bananen verteilen

♦ **Kuvertüre** und **Butter** für die Glasur in einem kleinen Topf bei niedriger Temperatur schmelzen lassen, vorsichtig über dem Kuchen verteilen und im Kühlschrank fest werden lassen

Cookies

Zutaten:

KEKS		GLASUR	
230 g	pflanzliche Butter (BIO Alsan)	450 g	Puderzucker
		60 - 80 ml	warmes Wasser
350 g	Mehl	10 g	Ei-Ersatzpulver
130 g	Puderzucker		(oder Meringue Pulver)
2 TL	Ei-Ersatzpulver (oder Meringue Pulver)	1/8 TL	Vanillearoma
2 TL	Wasser	etwas Staubzucker	
1/8 TL	Vanillearoma	flüssige Lebensmittelfarbe	

Zubereitung:

♦ **Alle Zutaten** für die Kekse gut miteinander verkneten.
In Frischhaltefolie einwickeln und im Kühlschrank mindestens 2 Stunden kühlen

♦ Den Teig in 4 Stücke teilen und auf einer bemehlten Arbeitsfläche 4 - 5 mm dick ausrollen

♦ Kekse ausstechen und auf ein mit Backpapier belegtes Backblech legen. Genug Abstand zwischen den Keksen lassen – sie werden größer

♦ Im vorgeheizten Backofen bei 150°C Umluft ca. 15 Minuten backen bis sie Farbe annehmen. Danach gut auskühlen lassen

♦ Für die Glasur den **Puderzucker** in eine große Schüssel sieben und mit **Wasser, Ei-Ersatzpulver** und **Vanillearoma** mit dem Mixer verrühren

♦ Die Glasur auf mehrere Schüsseln aufteilen (für jede Farbe eine Schüssel). Einen Tropfen **Lebensmittelfarbe** pro Schüssel hinzufügen und gut durchrühren.
Für Konturen eine etwas dickere Masse (hier einfach noch ein bisschen **Puderzucker** dazu mischen) für Füllungen eine dünnere Masse

♦ Nun in einen Spritzbeutel füllen und dekorieren

Kekstorte

Zutaten:

BODEN		FÜLLUNG	
100 g	Haferkekse	400 g	veganer Quark
200 g	Mehl		(zb von Provamel)
75 g	pflanzliche Butter	50 g	pflanzliche Butter
	(BIO Alsan)		(BIO Alsan)
75 g	Süßungsmittel	150 ml	pflanzliche Milch *
	nach Wahl*	1 EL	Zitronensaft
1 EL	Weinsteinbackpulver	1 Prise	Zitronenabrieb
1 Pkg	Vanillezucker	1 Pkg.	Vanillepuddingpulver
1 EL	Sojamehl	1 EL	Sojamehl
2 EL	Wasser	50 g	Süßungsmittel
etwas	Öl		nach Wahl *

Zubereitung:

♦ **Haferkekse** in eine Schüssel bröseln und mit den **restlichen Zutaten** für den Boden verkneten

♦ Eine Tortenform (oder Pie-Form) mit **Öl** einstreichen, die Keksmasse auf dem Boden gleichmäßig verteilen und fest drücken. Mit einem angefeuchteten Löffel lässt sie sich gut glatt streichen

♦ Im vorgeheizten Ofen bei 160°C 5 Minuten backen und anschließend abkühlen lassen

♦ Für die Füllung **alle Zutaten** mit einem Handrührgerät cremig schlagen und in die Form füllen

♦ Im Ofen 1 Stunde backen

♦ Vor dem Anschneiden ganz auskühlen lassen, damit der Teig fest werden kann

Je öfter man den Teig durchknetet und aufgehen lässt, desto flaumiger werden die Krapfen

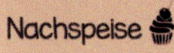

Krapfen

Zutaten:

500 g	Mehl	42 g	Hefe (frisch)
1 EL	Sojamehl	1-2 Tropfen	Vanille oder Rumaroma
50 ml	pflanzliche Butter	1 Prise	Salz
	(BIO Alsan)	1/2 TL	Zitronenabrieb
300 ml	pflanzliche Milch	1/2 TL	gemahlene Vanille
50 g	Süßungsmittel	100 - 300 ml	Kokosfett oder Rapsöl
	nach Wahl *	200 g	Marillenmarmelade
	(kein Xylit!)	etwas	Puderzucker

Zubereitung:

♦ Für den Vorteig **Hefe** in 100 ml zimmerwarme **Milch** einbröckeln. 1 EL **Süßungsmittel** und 1 EL **Mehl** unterrühren und mit einem sauberen Küchentuch abgedeckt an einem warmen Ort 25 Minuten stehen lassen. Der Teig wirft Blasen und geht schön auf

♦ **Mehl** und restliches **Süßungsmittel** in eine Schüssel sieben und mit **Salz, Aroma, Zitronenschale** und **gemahlene Vanille** mischen

♦ Restliche **Milch** mit **Butter** in einem Topf erwärmen (ca. 40°C) und in die Schüssel geben. Alles zu einem Teig verarbeiten und mit einem Küchentuch abgedeckt weitere 30 Minuten ruhen lassen

♦ Den Teig durchkneten und weitere 30 Minuten abgedeckt ruhen lassen.

♦ Den Teig abermals durchkneten und auf einer bemehlten Arbeitsfläche in 50 g Portionen aufteilen. Mit ein wenig Druck zu Kugeln formen (schleifen) und flach drücken

♦ Die Teiglinge mit genügend Abstand auf ein sauberes Küchentuch legen und mit einem Weiteren abdecken. Ruhen lassen bis sich die Größe verdoppelt hat

♦ **Fett** auf 160°C erhitzen. Die Teiglinge schwimmend und mit geschlossenem Deckel backen. Sobald sich eine goldbraune Farbe gebildet hat, die Teiglinge wenden und die andere Seite ohne Deckel fertig backen. Die Krapfen auf Küchenpapier abtropfen lassen

♦ Mit Hilfe eines Spritzsacks die **Marmelade** (10 g pro Krapfen) am weißen Rand in den Krapfen spritzen und mit **Puderzucker** bestreuen

Gestreifte Himbeer Cupcakes

Zutaten:

HIMBEER CREME		BISCUIT TEIG	
600 g	aufschlagbare Sojacreme	250 g	Vollkorn Dinkelmehl
25 g	Sahnesteif	150 g	Süßungsmittel nach Wahl *
150 g	Himbeeren	250 ml	pflanzliche Milch *
1 EL	Himbeermarmelade	4 TL	Weinsteinbackpulver
		80 g	Rapsöl
		1 Pkg.	Vanillezucker
		2 EL	Kakaopulver (oder Carobpulver)
		12	Himbeeren

Zubereitung:

♦ **Mehl, Süßungsmittel, Milch, Backpulver, Öl** und **Vanillezucker** in einer Schüssel mischen.
Die Hälfte des Teiges in einer extra Schüssel mit dem **Kakaopulver** mischen

♦ Ein Cupcakeblech einfetten.
Zuerst die Hälfte des hellen und dann die Hälfte des dunklen Teigs mithilfe eines Spritzsacks einfüllen.
In jede Mulde eine **Himbeere** stecken (nicht bis zum Boden der Form!) und mit dem restlichen Teig bedecken

♦ Im vorgeheizten Backofen bei 180°C Umluft 20 - 25 Minuten backen.
Die Form aus dem Ofen nehmen und abkühlen lassen

♦ **Schlagcreme** im Kühlschrank kalt stellen. Dann die überschüssige Flüssigkeit abgießen und mit dem **Sahnesteif** aufschlagen

♦ **Himbeeren** mit **Marmelade** pürieren, zur **Schlagcreme** hinzufügen und nochmals aufschlagen

♦ Kurz im Kühlschrank kalt werden lassen und dann mit Hilfe eines Spritzsacks die Cupcakes dekorieren

Dattelkugeln

Zutaten:

50 g	Walnüsse gemahlen
50 g	Mandeln gemahlen
50 g	Haselnüsse gemahlen
50 g	Kokosraspeln fein
150 g	Datteln entsteint
1/2 TL	gemahlene Vanille
2 EL	Agavendicksaft
1 Prise	Salz

Zubereitung:

♦ **Nüsse** und **Kokosraspeln** auf einem Backblech verteilen und im vorgeheizten Backrohr bei 80°C Umluft 5 - 10 Minuten anrösten. Anschließend abkühlen lassen

♦ **Datteln** in sehr kleine Stücke schneiden und mit den restlichen Zutaten in einer Schüssel mischen

♦ Mit den Händen den Teig gut durchkneten und kleine Bälle formen

👥 4

🕐 30 Min.
+ 8 Std.

Eis Törtchen

Zutaten:

100 g	Datteln entsteint	150 g	Erdbeeren
100 ml	heißes Wasser	150 g	Himbeeren
150 g	Cashewnüsse	50 g	Datteln
1 TL	gemahlene Vanille	1 TL	Agar-Agar
20 g	Kakaopulver	1 EL	Wasser
	(oder Carobpulver)		

Schokoglasur für die Dekoration
frische Früchte

Zubereitung:

♦ **Datteln** klein schneiden und mit **Cashewnüssen** in 100 ml **heißem Wasser** 2 Stunden einweichen.
Gemahlene Vanille dazu geben und gut mixen

♦ Die Hälfte der Masse in eine extra Schüssel geben und mit **Kakaopulver** nochmals durchmixen

♦ Kleine Tiefkühlformen mit Wasser auswaschen und den Boden mit der hellen Masse gleichmäßig bedecken. Nun im Tiefkühler 2 Stunden anziehen lassen
Inzwischen **Erdbeeren, Himbeeren** und **Datteln** mixen und in einem kleinen Topf aufkochen lassen

♦ **Agar-Agar** mit **Wasser** mischen und zur Beerensauce in den Topf geben. Mindestens 3 Minuten köcheln lassen. Anschließend abkühlen lassen

♦ Beerensauce nochmals mixen und gleichmäßig auf die Formen aufteilen. Weitere 2 Stunden im Tiefkühler anziehen lassen

♦ Zum Schluss die dunkle Masse gleichmäßig auf die Formen aufteilen und weitere 2 Stunden in den Tiefkühler stellen

♦ Die Eistörtchen können nun auf Teller gestürzt werden.
Mit **Schokoglasur** dekorieren und mit **frischen Früchten** servieren

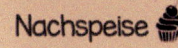

Kokoskuchen

Zutaten:

250 g	Vollkorngrieß
150 g	Kokosflocken fein
100 g	Mehl
150 g	Süßungsmittel nach Wahl *
8 g	Vanillezucker
21 g	Weinsteinbackpulver
550 ml	pflanzliche Milch * (Vanille)

etwas pflanzliche Butter und Mehl für die Form

optional   Eis oder Schlagcreme

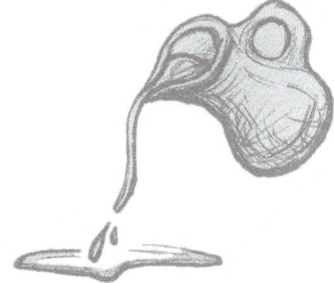

Zubereitung:

♦ **Alle Zutaten** in einer Schüssel mischen und in eine mit Butter eingefettete und mit Mehl bestäubte Form geben

♦ Im vorgeheizten Ofen bei 180°C Umluft 40 Minuten backen

♦ Mit **Eis** oder **veganer Schlagcreme** servieren

Brownies

Zutaten:

380 g	Mehl		
50 g	Kakaopulver (Bio)	500 ml	pflanzliche Milch *
50 g	Blockschokolade	350 ml	Rapsöl
1 TL	Weinsteinbackpulver		
150 g	Süßungsmittel nach Wahl *	optional	Eis

Zubereitung:

♦ **Alle trockenen Zutaten** (bis auf die Schokolade) in einer großen Schüssel mischen

♦ **Schokolade** mit ein bisschen **Milch** erwärmen und die **Schokolade** schmelzen

♦ **Schokolade** mit dem Rest der **Milch** und dem **Öl** mischen und in die Rührschüssel geben. Gut durchrühren

♦ Ein Backblech mit Backpapier belegen und die Masse gleichmäßig darauf verteilen

♦ Im vorgeheizten Backrohr bei 180°C 20 - 25 Minuten backen

♦ Den Teig in gleich große Stücke schneiden und am besten warm und mit einem Löffel **Lieblingseissorte** servieren

Regenbogen Smoothies

Zutaten:

ROT
250 g Himbeeren
250 g Erdbeeren
2 Datteln
1 TL Vanillepulver
500 ml pflanzliche
Milch

ORANGE
2 Orangen
250 g Babykarotten
2 Datteln
250 ml pflanzliche Milch

GELB
2 Bananen
250 g Ananas
2 Datteln
250 ml pflanzliche
Milch *

GRÜN
250 g Ananas
400 g Babyspinat
4 Datteln
1 TL Vanillepulver
500 ml pflanzliche
Milch

VIOLETT
250 g Heidelbeeren
2 Bananen
2 Datteln
500 ml pflanzliche
Milch

Zubereitung:

♦ **Alle Zutaten** für die jeweilige Farbe im Mixer pürieren.
Am besten eignet sich ein Hochleistungsmixer dafür

Regenbogen Eis

♦ Die erste Farbe in eine Eisform füllen und kurz im Tiefkühler anfrieren
lassen.
Mit den restlichen Schichten wiederholen

Die Vitamindetektive

Kapitel 5

Warum Moks und Stief die ganze Woche nicht auftauchten?

Kurz bevor Jonathan und Professor Krümmelkeks an der Tür der neuen Nachbarn klingelten, geschah folgendes.

„Mich würde wirklich interessieren, wie die neuen Nachbarn den Kuchen unserer Freunde annehmen.", meinte Stief zu Moks.

„Ja, da würde ich gerne Mäuschen spielen. Aber jetzt, wo du es erwähnst: Mir kommt da so eine Idee.", antwortete Moks.

„Während unserer Erkundungen und unserer Suche nach einem Dach über den Kopf haben wir ja alle Schleichwege, Gänge und dicken Rohre in der Umgebung durchforstet. Eines der Rohre ging auch zu dem Haus der neuen Nachbarn..."

„Hm... Ich weiß, was du mir damit sagen willst, lieber Moks, aber glaubst du nicht, dass es etwas gefährlich ist? Wir wissen schließlich nicht, was uns auf der anderen Seite erwartet."

„Quatsch. Gefährlich! Was soll uns denn schon Großartiges erwarten in einem Keller? Kartons, Dinge, die nicht ständig gebraucht werden und mit etwas Glück eingelagerte Lebensmittel."

Das war das Stichwort für Stief und prompt knurrte sein Magen.

„Also ein mulmiges Gefühl habe ich zwar nach wie vor, aber ich bin auch sehr neugierig und würde schon gerne sehen, wie es dort aussieht. Lass es uns wie folgt machen: Wir schleichen uns durch die Rohre rein und wenn uns etwas komisch vorkommt, drehen wir sofort um und machen uns aus dem Staub."

„Okay.", sagte Moks und schob die Abdeckung des Rohres zur Seite, welches der Eingang in ihre unterirdische Verkehrslinie war.

Moks kroch zuerst hinein und nach kurzem Zögern folgte ihm Stief.

„Boah, ist das eng geworden. Ich bin wohl gewachsen.", ächzte Stief.

„Ja, vor allem um die Taille.", schmunzelte Moks.

Die beiden zogen und schoben sich durch das Rohr.

„Hier müssen wir das Rohr rechts nehmen. Links würde es zu Joni und dem Professor führen.", bemerkte Moks.

„Sollten wir nicht besser zu ihnen gehen?"

„Ach, du bist wohl ein Angsthase? Außerdem sind die zwei wahrscheinlich ohnehin gerade bei den neuen Nachbarn", meinte Moks provokant und bog nach rechts ab.

Stief folgte ihm und ließ die Aussage unkommentiert im Raum stehen.

So krochen sie schweigend weiter.

„Bong", machte es ein Stückchen vor ihm.

„Autsch!", entfuhr es Moks, „Wir sind da. Ich habe mir gerade den Kopf an der Abdeckung gestoßen." Moks drückte daran und nach einiger Anstrengung fiel die Abdeckung mitten in den Keller der neuen Nachbarn.

„Pscht!", machte Stief.

Moks schlüpfte aus dem Rohr und sah sich kurz um.

Er nahm die Taschenlampe, die der Professor ihnen geschenkt hatte und ließ den Lichtkegel durch den Raum wandern.

„Wow. Was die hier Bilder herumstehen haben. Ein Wahnsinn, fast wie in einer Galerie.", staunte er.

Überall im Raum befanden sich Kartons, aus denen die unterschiedlichsten Gemälde ragten.

Stief mühte sich gerade damit ab, aus dem Rohr zu kommen, doch irgendwie steckte er fest.

Er kicherte. „Oh Mann, ich habe wirklich etwas zu viel gegessen in den letzten Tagen. Kannst du mir mal helfen, Moks."

Moks nahm ihn bei den Händen und zog fest daran, doch Stief bewegte sich keinen Millimeter.

„Das gibt es doch nicht", ächzte er. „Lass es uns mit vereinten Kräften versuchen. Eins-zwei-drei, Hau Ruck.", sagt er und zog mit aller Kraft. Zugleich versuchte Stief mit seinen Füßen mitzuhelfen, doch ohne Erfolg.

Weder nach vor, noch zurück, es hatte keinen Zweck, Stief steckte fest.

„Hilf mir raus, Moks. Bitte.", jammerte Stief.

„Ich könnte es mit etwas Spucke versuchen.", meinte
dieser.

„Igitt, auf keinen Fall. Da bleibe ich lieber hier bis ans
Ende meiner Tage."

„Warte mal, vielleicht gibt es hier Öl oder irgendeine
Flüssigkeit, die uns helfen könnte, dich flutschig zu
machen."

Moks sah sich um und überprüfte die Kartons, die im
Keller herumstanden.

„Das sind wirklich exzellente Bilder und
Kunstgegenstände. Aber ich kann einfach nichts finden,
womit ich dich aus der Klemme befreien kann."

„Vielleicht kannst du dich raus schleichen und etwas bei

Krümmelkeks und Joni holen. Oder vielleicht haben die beiden eine Idee."

„Ja, aber bis dahin sitzt du fest.", seufzte Moks.

Nach dieser Feststellung hörten sie ein Poltern. Es waren Schritte, die sich der Kellertüre näherten.

„Moks, was sollen wir nur tun?", wimmerte Stief verzweifelt.

„Ich habe keine Ahnung", antwortete dieser.

Die Kellertür öffnete sich und das Licht im Raum ging an.

„Was ist denn hier los?", entfuhr es dem bärtigen Mann, als er die komischen Gestalten Stief und Moks entdeckte.

„Ähm... Wir wollten nur mal Hallo sagen. Hallo.", sagte Moks mit einem gezwungenen Lächeln im Gesicht.

„Schöne Bilder haben Sie hier.", fügte er hinzu.

Der Mann blickte auf die beiden, dann auf die Bilder und dann wieder auf die beiden.

„Euer Besuch findet am falschen Ort und zur falschen Zeit statt.", knurrte er und ging drohend auf sie zu.

Genau in diesem Moment klingelte es an der Tür.

Der unfreundliche Hausherr schnappte sich das Klebeband, welches neben den Kisten mit den Gemälden lag und klebte den Eindringlingen die Münder zu, bevor sie auch nur irgendetwas sagen konnten.

Es klingelte wieder an der Tür.

„Um euch kümmere ich mich später.", sagte er unheilvoll, machte kehrt und verließ den Keller.

Es dauerte nicht lange und die Männer kamen mit einem Zwinger in den Armen die Treppe hinunter und verfrachteten Moks und Stief in den Käfig.

Einer der finsteren Kerle nahm ihnen die Klebebänder ab und meinte: "Hier könnt ihr nun schreien bis zum Nimmerleinstag, es wird euch keiner hören, bei diesen dicken Außenmauern.

Genießt die Zeit, bis wir einen Plan haben, was wir mit euch machen.", knurrte er und sie verließen den Keller.

„Na toll!", sagte Moks und knabberte an einem von Joni's Kinderkeksen, das er noch in seinem Fell fand.

144

„Wie kannst du nur Kekse essen, bei dem, was uns womöglich bevorsteht. Wer weiß, was dieser unheimliche Typ mit uns vorhat.", sagte Stief weinerlich.

„Ich kann es nicht ändern und Kekse passen immer.", antwortete Moks.

„Na wenigstens du kannst wieder futtern und unsere netten Gastgeber haben dir die Knebel nicht umsonst abgenommen. Sobald jemand klingelt, werden sie uns sowieso wieder die Mäuler verkleben. Also nutze die Gunst der Stunde.", zeterte Stief.

„Hier!", antwortete Moks und gab ihm einen zweiten Keks, den er im Fell mitgebracht hatte.

„Naja... Du hast wohl recht. Kekse passen trotzdem immer.", seufzte Stief mit vollem Mund.

Abendessen

Apfel Nockerl

Zutaten:

6	Äpfel	1 EL	Ceylon Zimt
1 TL	Zitronensaft	2 EL	Süßungsmittel
500 g	Dinkel Vollkornmehl		nach Wahl *
400 ml	Wasser		
1 Prise	Salz	etwas	Apfelmus
2 - 3 EL	pflanzliche Butter	etwas	Puderzucker
	(BIO Alsan)	optional	Rosinen

Zubereitung:

◆ **Äpfel** schälen und klein raspeln.
Mit etwas **Zitronensaft** mischen und zur Seite stellen

◆ **Mehl, Wasser** und **Salz** zu einem Teig verarbeiten. Eventuell noch
etwas Wasser hinzufügen, wenn der Teig zu dick geworden ist. Er darf
aber auch nicht zu flüssig sein

◆ Reichlich Salzwasser zum Kochen bringen und mithilfe eines
Spätzlehobels den Teig in kleineren Portionen ins kochende Wasser
reiben

◆ Wenn die Nockerl an der Oberfläche schwimmen, abseihen und mit
dem Rest des Teiges fortfahren

◆ **Butter** in einer Pfanne erhitzen und die Nockerl darin 3 - 5 Minuten
anbraten

◆ **Äpfel**, **Zimt und Süßungsmittel** dazu geben und 3 - 5 Minuten
mitbraten.
Optional **Rosinen** unterrühren

◆ Die fertigen Apfel Nockerl mit etwas **Puderzucker** bestreuen und mit
Apfelmus servieren

Goldtaler Suppe

Zutaten:

1 Pkg.	Suppengemüse	1 EL	Sojamehl
3	Karotten	60 g	pflanzliche Butter
1 EL	Salz		(BIO Alsan)
2 l	Wasser	1/2 TL	Salz
150 g	Vollkorngrieß	1 Msp.	Muskatnuss
300 ml	pflanzliche Milch *		

Zubereitung:

♦ **Suppengemüse** und **Karotten** waschen, schälen, mit **Salz** und **Wasser** in einen großen Topf geben und aufkochen. 10 Minuten köcheln lassen

♦ In der Zwischenzeit die Grießtaler vorbereiten.
Dafür **Butter** in einem kleinen Topf schmelzen. Mit **Milch** aufgießen und mit **Salz** und **Muskatnuss** abschmecken. Diese Mischung aufkochen lassen, den **Grieß** einrühren und den Topf von der Herdplatte nehmen

♦ Die Grießmasse mit dem **Sojamehl** (oder Stärkemehl) mischen und 5 Minuten quellen lassen

♦ Das **Suppengemüse** mit einer Schöpfkelle ausseihen und die **Karotten** auf Suppenteller aufteilen

♦ Mit angefeuchteten Händen Taler aus der Grießmasse formen und in einer extra Schüssel sammeln. Am besten zuerst Kugeln formen und diese etwas flach drücken

♦ Die Taler vorsichtig in die klare Suppe geben und kurz erhitzen, bis sie an der Oberfläche schwimmen. Dann aus dem Suppentopf heben und wieder in die extra Schüssel legen.
Die Taler sollten nicht zu lange in der Suppe sein, sonst lösen sie sich auf!

♦ Zu den Karotten nun 3 - 4 Grießtaler geben, mit heißer Suppe aufgießen und servieren

Kalter Nudel Topf

Zutaten:

250 g	Fusilli Nudeln	250 g	Tellerlinsen
2	Tomaten	3 EL	Olivenöl
1	rote Paprika	3 - 4 EL	Zitronensaft
1	gelbe Paprika	3 EL	Petersilie
1	Zucchini	1 Prise	Salz

Zubereitung:

♦ **Nudeln** in reichlich Salzwasser bissfest kochen

♦ In der Zwischenzeit das **Gemüse** waschen und klein hacken.

♦ **Zucchini** in etwas **Olivenöl** 3 - 5 Minuten anbraten

♦ **Zucchini, Paprika** und **Tomaten** mit den **Linsen** und den **Nudeln** in einer Schüssel mischen

♦ **Olivenöl, Petersilie, Salz** und **Zitronensaft** mischen und mit dem Schüsselinhalt gut vermengen

Gelbe Suppe

Zutaten:

5 - 6	Karotten
1	Süßkartoffel
1	Zwiebel
600 ml	Gemüsebrühe
1/2 TL	Ingwer
200 ml	Kokosmilch
1 TL	Salz

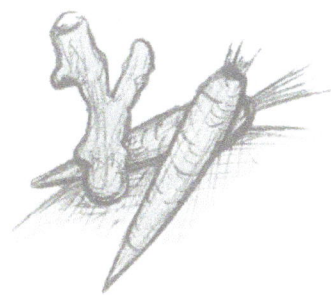

Zubereitung:

♦ **Karotten, Süßkartoffel** und **Zwiebel** schälen und in kleine Stücke schneiden.
Das **Gemüse** gemeinsam mit der **Gemüsebrühe** aufkochen lassen

♦ **Ingwer** klein reiben und zur Suppe geben.
Zugedeckt 20 - 25 Minuten köcheln lassen

♦ Die Suppe glatt pürieren, **Kokosmilch** und **Salz** unterrühren und nochmals kurz aufkochen lassen

3
🕐 35 Min.

Kartoffelsalat

Zutaten:

1 1/2 kg	festkochende Kartoffeln	50 g	pflanzliche Butter
200 g	Räuchertofu		(BIO Alsan)
etwas	Öl	250 ml	Gemüsebrühe
15	Cherrytomaten	2 EL	Agavendicksaft
2 EL	Petersilie	30 g	Estragon Senf
		1 TL	Salz

Zubereitung:

◆ **Kartoffeln** schälen und ca. 20 Minuten kochen.
Mit Wasser abschrecken und abkühlen lassen

◆ **Räuchertofu** in kleine Würfel schneiden und in etwas **Öl** in einer
Pfanne 5 Minuten anrösten

◆ **Cherrytomaten** waschen und vierteln. **Petersilie** putzen und
kleinhacken

◆ **Butter** in die heiße **Gemüsebrühe** einrühren bis sie sich aufgelöst hat.
Mit **Agavendicksaft, Senf, Salz, Petersilie** und **Räuchertofu** mischen

◆ **Kartoffeln** in kleine Stücke schneiden und mit dem Dressing und den
Tomaten mischen. Mit **Salz** abschmecken und im Kühlschrank
anziehen lassen

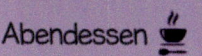

Toastmuffins

Zutaten:

6 Scheiben	Vollkorntoastbrot	400 g	veganer Quark
200 g	Räuchertofu	1 EL	Sojamehl
6	Cherrytomaten	1 TL	Curcuma
3 EL	Basilikum	50 g	pflanzliche Butter (BIO Alsan)
		50 g	pflanzliche Milch *

Zubereitung:

♦ Die **Toastbrotscheiben** mit einem Nudelholz flach rollen und in die Mulden einer Muffinbackform legen. (Ränder können überstehen)

♦ Im vorgeheizten Backofen 3 - 5 Minuten bei 180°C Umluft backen

♦ **Räuchertofu** in kleine Würfel schneiden und in etwas **Olivenöl** 3 - 5 Minuten knusprig braten

♦ **Tomaten** waschen und vierteln, **Basilikum** klein schneiden

♦ **Quark, Sojamehl, Curcuma, Butter** und **Milch** vermengen und mit dem **Räuchertofu** und dem **Basilikum** auf die Toastkörbchen aufteilen

♦ Im vorgeheizten Backofen bei 180°C Umluft 30 - 40 Minuten auf unterster Schiene backen

♦ 10 Minuten vor Ende der Backzeit die **Tomatenvierteln** auf den Toastmuffins verteilen

Knackersalat

Zutaten:

2	Knackwurst vegan (vegane Fleischwurst oder vegane Frankfurter)
1/2	Zwiebel
3	Tomaten
10	Cherrytomaten
1	Paprika grün
2 EL	Kürbiskernöl
1 Prise	Salz
2 EL	Zitronensaft

Zubereitung:

♦ **Knackwurst** und **Zwiebel** in 1 cm große Würfel schneiden und in etwas **Olivenöl** kurz anbraten

♦ **Cherrytomaten** halbieren, **Tomaten** und **Paprika** waschen und in kleine Würfel schneiden

♦ Alles in einer Schüssel mischen und mit **Kürbiskernöl, Salz** und **Zitronensaft** abschmecken

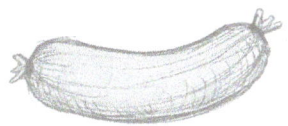

Toast Ecken

Zutaten:

1/2	Zucchini
1	Paprika
1	Zwiebel
1 Prise	Salz
2 EL	Olivenöl
7 Scheiben	Vollkorntoastbrot
60 - 100 g	Cashewmus

(alternativ: Mandelmus oder
Tomatenmark mit Wasser)

Zubereitung:

♦ Das **Gemüse** ganz klein schneiden und in der Pfanne 3 - 4 Minuten
andünsten. Dann **salzen**

♦ **Toastscheiben** mit **Cashewmus** (Mandelmus oder Tomatenmark)
bestreichen.
Ca. 2 EL Gemüsemischung auf jedem Toast verteilen

♦ Bei 180°C Umluft ca. 10 - 15 Minuten in den vorgeheizten Backofen
schieben

Tomaten - Mandarella Türme

Zutaten:

6 - 8	Cherrytomaten	**MANDARELLA**	
frisches	Basilikum	(Mandel-Mozzarella)	
etwas	Salz	1/2 EL	Maisstärke
4 Scheiben	Vollkorntoastbrot	1 TL	Agar-Agar
		210 ml	Wasser
		60 g	Mandelmus
		1/2 TL	Salz
		1 TL	Zitronensaft

Zubereitung:

♦ Für den **Mandarella** das **Wasser** in einem Topf mit **Maisstärke** und **Agar-Agar** mischen und aufkochen lassen. 1 - 3 Minuten köcheln lassen, sodass die Mischung etwas andickt

♦ Den Topf von der Herdplatte nehmen und die **restlichen Zutaten** hinzugeben.
Mit dem Stabmixer alles durchmixen

♦ In 1 - 2 runde Longdrink-Gläser füllen und mindestens 2 - 3 Stunden im
Kühlschrank fest werden lassen

♦ Den fertigen Mandarella auf einen Teller stürzen (eventuell mit einem Messer vom Rand leicht lösen) und in dünne Scheiben schneiden

♦ **Tomaten** waschen und in dünne Scheiben schneiden.
Brot in kleine Ecken schneiden

♦ Abwechselnd **Tomaten** und **Mandarellascheiben** auf den **Broten** verteilen und mit **Basilikum** garnieren

Kartoffelsuppe

Zutaten:

1 kg	Kartoffeln	3 1/2 EL	Vollkornmehl
1	Zwiebel	200 ml	Wasser (kalt)
1 1/2 EL	Paprikapulver (edelsüß)	2 l	Wasser
1 TL	Majoran	3 EL	Olivenöl
2	Suppenwürfel	etwas	Vollkornbrot
2 TL	Salz		

Zubereitung:

♦ **Zwiebel** schälen und in ganz kleine Stücke schneiden.
Kartoffeln schälen und in 2 - 3 cm große Würfel schneiden

♦ In einem großen Topf **Olivenöl** erhitzen und die **Zwiebel** darin glasig
dünsten.
Dann die **Kartoffelstücke** dazu geben, 2 - 3 Minuten anbraten und von
der Herdplatte schieben. Mit **Paprikapulver** gut mischen

♦ Mit 2 l **Wasser** aufgießen, **Salz** und **Suppenwürfel** dazugeben.
Mit Deckel bei kleiner Hitze 15 - 20 Minuten köcheln lassen und öfters
umrühren.
Zum Schluss **Majoran** dazugeben

♦ In einer Tasse 200 ml **kaltes Wasser** mit einem Schneebesen/Quirl **Mehl**
einrühren bis sich das Mehl (ohne zu klumpen) aufgelöst hat

♦ Wenn die Kartoffeln gekocht sind (abhängig von der Größe
der Kartoffelstücke) die Mehl-Wassermischung einrühren und abermals
aufkochen und eindicken lassen

♦ Die Suppe mit ein bis zwei Scheiben **Vollkornbrot** servieren

Die Vitamindetektive

Kapitel 6

„Ich möchte endlich wissen, was mit Moks und Stief los
ist.", sagte Joni ein paar Tage später während dem
Morgenspaziergang traurig.

„Haben wir sie beleidigt oder irgendwas falsch gemacht?"

„Joni, wir waren immer ausgezeichnete Gastgeber und
Freunde.

Ganz bestimmt haben wir ihnen keinen Grund gegeben, auf
uns sauer zu sein.

Das sie einfach abgehauen sind, ohne sich zu
verabschieden, finde ich etwas mies."

„Onkel, können wir vielleicht schauen, ob sie zu Hause
sind. Vielleicht sind sie krank?", flehte Joni.

„Wir haben doch schon die letzten paar Tage immer wieder
mal geklopft und geklingelt, ohne eine Antwort zu
bekommen."

„Aber ich mache mir solche Sorgen!"

„Na gut, lass uns nachsehen, ob wir irgendwie ins Haus kommen. Luna, komm wir gehen zurück."

Am Haus, in welchem Moks und Stief wohnten, angekommen, klingelte der Professor an der Tür.
Sie warteten, doch wie an den Tagen zuvor, kam keine Antwort.
„Lass uns mal hinter das Haus gehen.", schlug Krümmelkeks vor.
Doch hinter dem Haus war ebenfalls keiner der beiden zu sehen.
Auch sonst schien alles normal zu sein.

Krümmelkeks betrachtete lange die Rückseite des Hauses und kratzte sich am Kopf.
Joni stand daneben und tat das gleiche.
Plötzlich ging er auf das Haus zu und Joni fragte: "Was ist denn jetzt los, Onkel Anton?"
„Moment", entgegnete er und begann an den Türen des Holzkellers zu rütteln.
Die Tür war eigentlich keine richtige Tür, sondern

die absperrbare Abdeckung des Schachtes, welcher früher zum Transport des Brennholzes von außen direkt in den Keller diente.

Das Scharnier ächzte und krachte und Joni half dem Professor beim Anziehen.

Der Rost hatte der Konstruktion schon sehr zugesetzt und darüber hinaus war das Mauerwerk recht brüchig.

„Hau Ruck, Hau Ruck, Hau Ruck.", gab der Professor das Tempo vor.

Beim dritten Hau Ruck bröckelte ein Stück Mauer und das untere Scharnier gab den Geist auf.

„Weiter Joni, wir schaffen es. Hau Ruck, Hau Ruck, Hau Ruck."

Und abermals beim dritten „Hau Ruck" gab auch das obere Scharnier auf und die beiden stürzten, mit einem Teil der Tür in der Hand, nach hinten.

Joni kicherte, doch Onkel Anton war schon wieder auf den Beinen und blickte den Schacht hinunter.

„Moks, Stief.", rief er hinunter.

Keine Antwort.

„Ich komme gleich wieder, warte hier kurz auf mich.", sagte der Professor und ging in Richtung ihrer Unterkunft.

Es dauerte keine fünf Minuten und Kommissar Krümmelkeks kam mit einem Seil, einem Hammer, ein paar schweren Zeltheringen und mit zwei Taschenlampen zurück.

„So, jetzt finden wir raus, was mit unseren Freunden passiert ist.", keuchte er.

Mit dem Hammer begann er, ein paar der sehr schweren Heringe in den Boden nahe der Luke einzuschlagen und das Seil band er daran fest, indem er gekonnt einige Schlaufen und Knoten um die Heringe machte.

Als er fertig war, nahm er das Seil an einem Ende, lehnte sich mit seinem gesamten Gewicht nach hinten und überprüfte so, ob es stabil war. War es.

„Komm, mein Neffe, wir stehen am Anfang eines Abenteuers.", sagte er während er Joni das Seil um den Bauch band.

„Ich lasse dich runter und wenn du unten bist, machst du das Seil los und ich komme nach. Hier, die wirst du brauchen.", sagte er und gab Joni eine der beiden

Taschenlampen.

Vorsichtig seilte der Professor, oder eigentlich der Kommissar, denn nun war er voll in seinem Element, Joni ab.

„Unteeen!", rief dieser hinauf, während er das Seil löste.

Der Kommissar band sich das Seil um und begann vorsichtig seinen Abstieg.

Es waren zwar nur fünf Meter, aber trotzdem konnte ein Sturz aus dieser Höhe sehr gefährlich enden.

Im Keller angekommen, knipste auch er seine Taschenlampe an und die beiden machten sich auf die Suche nach dem Zimmer von Moks und Stief.

Immer wieder riefen sie ihre Namen, doch Antwort bekamen sie nach wie vor keine.

Sie rüttelten an der ersten Tür. Leider abgeschlossen.

Auch die zweite Tür war zugesperrt, doch die dritte Tür öffnete sich problemlos und der Kommissar und Joni standen in einem bekannten Raum.

„Hm... Alles sieht gleich aus wie beim letzten Mal, nur Moks und Stief fehlen.", stellte Joni ratlos fest.

„Ja, oft wirkt alles auf den ersten Blick gleich, aber kleine Details können bei der Lösung eines Rätsels helfen.", entgegnete Krümmelkeks.

„Ah, ich habe etwas entdeckt.", meinte er nach einer Weile.

„Joni, die Abdeckung des Rohres im Boden. Sie liegt nicht auf dem Rohr, sondern daneben.", erklärte er.

Die zwei Detektive standen im Raum und überlegten gerade, was ihnen das offene Rohr nun sagen sollte, als sie plötzlich Moks hörten.

„Wie oft willst du mir jetzt noch erklären, dass es eine dumme Idee von mir war, hierher zu kommen.", sagte die Stimme, die aus dem Rohr zu kommen schien.

„Solange, bis wir hier wieder rauskommen.", brüllte eine andere Stimme zurück.

Eindeutig die Stimme von Stief.

Joni und der Kommissar sahen sich freudig an.

„Hallo?", schrie der Kommissar ins Rohr.

„Hallo?", kam es aus dem Rohr zurück, dieses Mal von Moks.

„Wo seid ihr denn?"

„Diese neuen ‚Nachbarn' haben uns hier eingesperrt.
Wir sind in ihrem Keller.
Bitte kommt und helft uns.", hörten sie Stief verzweifelt berichten.

„Komm!", sagte der Kommissar und bewegte sich in Richtung Schacht.

Joni folgte ihm und sein Onkel kletterte rasch nach oben.
Er warf Joni das Seil zu, dieser hielt sich fest und mit großer Mühe und noch größerer Geschwindigkeit zog ihn Krümmelkeks hoch.
So schnell sie konnten liefen sie zum Haus der Nachbarn, blickten sich gehetzt um, ob irgendwo eine Spur der beiden Männer zu sehen war und gingen mit klopfenden Herzen zur Einganstür.
Sie pochten an die Tür und klingelten, doch es antwortete niemand.

„Komm, hinters Haus.", sagte der Kommissar.

Auf der Rückseite des Hauses entdeckten sie sofort ein offenes Fenster und der Krümmelkeks stieß einen leisen Freudenschrei aus.

„Komm.", sagte er, stellte sich an die Wand und hielt seine Hände vor sich, um eine Aufstiegshilfe für Joni zu geben.

Joni kletterte durchs Fenster ins Haus.

Der Professor sprang nach oben, bekam den Rand des
Fensterrahmens zu fassen und zog sich hoch.

Sie liefen in den Vorraum und konnten Moks und Stief rufen
hören.

Auf die Stimmen hörend, fanden sie schnell die Kellertür
und polterten die Treppe hinunter.

Als sie die Tür öffneten, sahen sie ihre Freunde in einen
großen Hundezwinger gesperrt — umringt von jeder Menge
Kartons, vollgepackt mit Bildern und Kunstgegenständen.

„Wow.", entfuhr es Joni.

„Staunt nicht, helft uns bitte hier raus.", flehte Moks. „Ihr
habt euch mit unserer Rettung schon lange genug Zeit
gelassen."

Der Zwinger war mit einem Fahrradschloss versperrt, welches der Kommissar mit seinem Taschenwerkzeug und mit sehr hohem Kraftaufwand knackte.

„Juhu!", riefen alle vier und machten sich rasch aus dem Staub.

Das Freunde-Quartett war bereits seit einer Stunde zu Hause und beobachtete gebannt das gegenüberliegende Haus.

Bei jedem Auto, das sich näherte schraken sie kurz auf und seufzten enttäuscht, wenn es sich als fremdes Auto entpuppte. Doch als nahezu eine volle Stunde vergangen war, tauchten die beiden Gauner von gegenüber in ihrem Auto auf und blieben vorm Nachbarhaus stehen.

Der größere der beiden hastete zur Tür, während der zweite einen Aktenkoffer und einen schweren Sack aus dem Auto holte und in Richtung Haus schleppte.

Nachdem sie im Haus waren und die Tür verschlossen hatten, sprangen jede Menge Polizisten, die ebenso wie die vier Freunde seit geraumer Zeit gebannt auf die Männer warteten, aus ihren Verstecken.

„Auf frischer Tat ertappt.", rief der echte Kommissar, als sie die beiden Männer in Handschellen aus dem Haus führten.

Die Polizei hatte bereits seit Wochen versucht, die Gauner zu finden, die Kunstgegenstände und wertvolle Gemälde in der gesamten Nachbarschaft gestohlen hatten.

Joni hatte einige der Gegenstände im Keller wiedererkannt, welche er zuvor im Zeitungsartikel über die Raubüberfälle der jüngsten Vergangenheit gesehen hatte.

Zu Hause angekommen, informierte er den Kommissar über seine Entdeckung und dieser verständigte sofort die Polizei.

Moks und Stief hielten sich während der Befragung durch die Polizei versteckt und somit blieb das Geheimnis ihrer Existenz bewahrt.

Der Kommissar und Jonathan schafften es nicht nur ihre Freunde aus der Gefangenschaft zu befreien, nein, zugleich lösten sie auch einen der grössten Kriminalfälle der Gegend.

Nach Abtransport der Verbrecher und stundenlangem Austausch der Geschichten, was in den vergangenen Tagen passiert war, gingen Moks und Stief schlafen.

Der Kommissar hatte ihnen zuvor noch geholfen, ihre
Gegenstände in seinen eigenen Keller zu verfrachten, denn
er wollte sie zumindest für die nächsten Wochen in
Sicherheit wissen.
Auch Joni und der Kommissar waren sehr müde und
gingen ins Bett.

Als Jonathan am nächsten Tage aufwachte, hatte er ein
Lächeln im Gesicht.

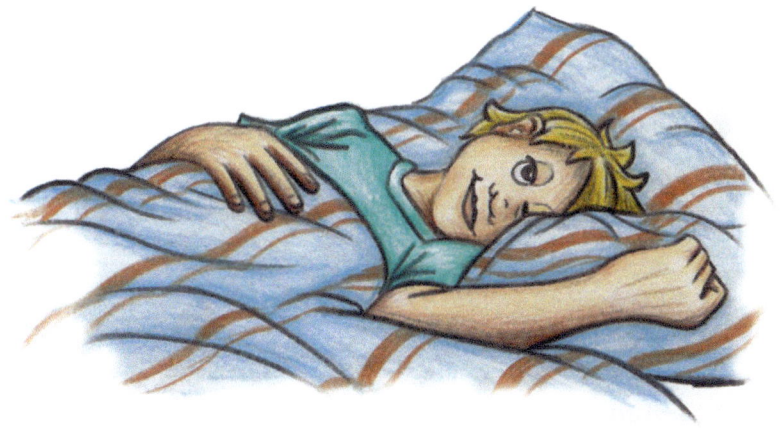

Aus der Küche konnte er den Geruch von frischen
Bananenschnitten wahrnehmen und er hörte die Stimmen
von Onkel Anton, Moks und Stief.
Noch immer lächelnd und freudestrahlend stand er auf und
begab

sich ins Badezimmer.

„Heute ist ein wundervoller Tag.", dachte er bei sich.

Und ein wundervoller Tag war es bestimmt.

Denn noch bevor er sich dem Ende zuneigte, fuhr ein Van vor das ehemalige Haus der Gauner.

Aus dem Auto stiegen ein Mann und eine Frau, beide Mitte 30.

„Komm mal her.", sagte der Professor zu Jonathan.

Und als Joni zum Fenster schritt, konnte er den Van auch sehen.

Er kam gerade rechtzeitig um zu beobachten, wie zwei Kinder ausstiegen.

„Endlich in unserem neuen zu Hause.", rief der Mann freudig und ging auf die Haustür zu.

Während er aufsperrte, kam auch schon der Umzugswagen hinterher, der das Hab und Gut der neuen Nachbarn transportierte.

„Hoffentlich finden wir hier viele neue Freunde.", rief eines der beiden Kinder und Jonathan lächelte.

„Onkel Anton?", sagte er.

„Ja, Jonathan?"

„Ich glaube, wir sollten wieder einmal den „Besten-Kuchen-aller-Zeiten" backen."

„Das glaube ich auch. Dieses Mal scheinen wir einen sehr guten Grund dafür zu haben und es wird uns mit Sicherheit auch gedankt werden", antwortete Onkel Anton und legte einen Arm auf die Schultern seines Neffen, während sie den neuen Nachbarn beim ersten Schritt ins Nachbarhaus zusahen.

- ENDE -

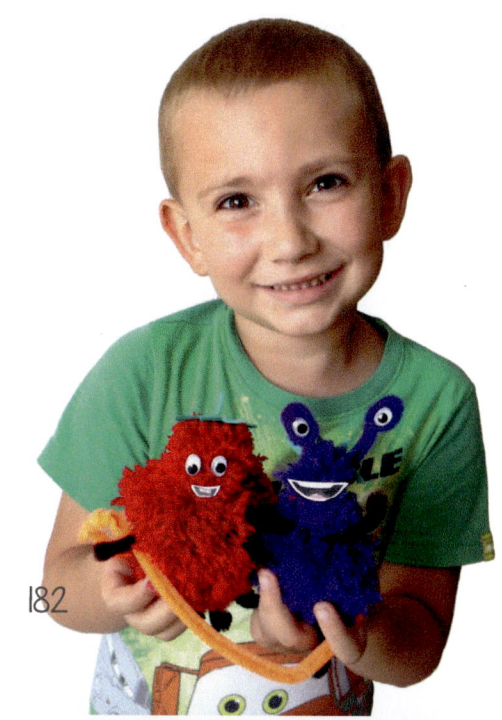

BASTELANLEITUNG
Wollfreunde

Du brauchst:

1   Wollknäuel
2   schwarze Pfeiffenreiniger
2   Wackelaugen
    grünen Moosgummi
1   Gabel
1   Schere
1   Uhu Kleber

- Schneide einen 20 cm Faden vom Wollknäuel ab und positioniere in mittig auf der Gabel. (1)

- Nimm einen 2 – 3 m langen Faden und wickle ihn um die Gabel herum. (2)

- Nimm die Enden des kurzen Fadens und mache einen einfachen Knoten. (3)

- Schneide seitlich, links und rechts den Wollkopf auf und schnüre den Knoten noch enger.

- Nun kann der Wollkopf zurecht geschnitten werden. Vorsicht der kurze Faden vom Knoten soll stehen bleiben. (4)

- Schneide aus dem Moosgummi einen ca. 3 cm großen Stern aus. Der Stern kann gerne geschwungene Arme haben. (5)

- Schneide einen 1 cm langen Stil aus und klebe ihn in die Mitte des Sternes. Nun kannst du den Moosgummihut zur Seite legen.

◆ Schneide aus einem Kartonstück zwei gleichgroße Hufeisenformen aus. Die Kartonenden sollten jeweils ca. 3 cm breit sein. Schneide einen 20 cm langen Faden vom Wollknäuel ab und lege ihn zur Seite.

◆ Lege die Kartonstücke aufeinander und Binde das Ende des Wollknäulfadens in der Mitte des Kartons fest. Wickle nun den ganzen Faden solange um den Karton bis du einen ca. 3 cm dicken Halbkreis hast. (5)

◆ Schneide den Wollhalbkreis nun vorsichtig an der Oberseite auf. Mit einer Hand hältst du am besten die Kartonenden fest, damit der Faden nicht hinunter rutschen kann. (6)

◆ Lege nun den kurzen Faden zwischen die Kartonstücke und binde den Wollfäden zusammen. Mache einen festen Knopf. (6)

◆ Nun kann der Wollwuschel zurecht geschnitten werden. Vorsicht der kurze Faden vom Knoten soll stehen bleiben. (7)

◆ Verknote nun die beiden Enden der Wollwuschel eng miteinander. So verbindest du den Wollkopf mit dem Wollkörper (8)

◆ Nimm zwei Pfeiffenreiniger und binde sie etwas oberhalb der Mitte und etwas unterhalb der Mitte um den Wollkörper. Die Enden kannst umknicken, so bekommst du Füße und Hände. (9)

◆ Nun klebe mit Uhu den Moosgummihut und die Augen auf den Kopf. (10)

Fertig !

Tricks und Tipps
zu den Rezepten

Backrohr vs. Pfanne

Wer auf seine Linie achten oder einfach nicht zu viel Öl verwenden möchte, dem empfehle ich, z. B. Bratlinge und Paniertes im Ofen zu backen.
Es dauert ein paar Minuten länger – die Zeit kann man aber gut für den nächsten Arbeitsschritt oder zum Kücheputzen verwenden. :-)

Backofen vorheizen

Um optimale Backbedingungen und Ergebnisse zu gewährleisten, sollte das Backrohr vorgeheizt werden. Generell verwende ich Ober- und Unterhitze und stelle das Backblech auf die mittlere Schiene.
Wenn ich für mehr Personen oder einfach größere Mengen zur gleichen Zeit backe, empfiehlt sich Umluft und 5 – 10 Minuten längere Backzeit.

Backofen 180° C

Generell empfehle ich, das Backrohr nicht über 180° C zu erhitzen,
so bleiben noch genügend gute Nährstoffe erhalten. Also besser bei niedriger Temperatur – dafür ein wenig länger.
Bei Brot sollte man zusätzlich darauf achten, dass es nach dem Backen gut auskühlen kann.
Genießer-Tipp:
Vor dem Verzehr in Scheiben schneiden und nochmals toasten oder kurz aufbacken.
Dies wirkt sich positiv auf die enthaltene Hefe aus.

Kuchen-, Torten- oder Muffinteig

Diese teile ich immer in trockene und feuchte Zutaten auf und mische sie dann kurz mit dem Handrührgerät zusammen; nicht zu lange – sonst wird der Teig zäh.

Zucker

Generell sollte man sparsam mit jeglicher Art von Zucker umgehen!
Zum Backen verwende ich gerne Birkenzucker (auch Xlithol genannt). Für Hefeteig kommt er jedoch nicht in Frage, da der Hefeteig sonst nicht aufgeht.
Zum Kochen verwende ich gerne Agavendicksaft in Rohkostqualität.
Raffinierten weißen Zucker oder braunen Zucker (der meistens nur mit Melasse eingefärbter raffinierter weißer Zucker ist) verwende ich ungern, da dieser eher eine Chemikalie als ein Lebensmittel darstellt.
Auf Seite 187 findest du einen Überblick über Süßungsmittel.

Vollkornmehl

Wenn nicht anders angeschrieben, verwenden wir bei unseren Rezepten Dinkel-Vollkornmehl. Wer kein Dinkel-Vollkornmehl zu Hause hat, kann es auch durch ein anderes Vollkornmehl ersetzen.
Jedoch stimmt das Mischungsverhältnis nicht mehr, wenn man ein normales Mehl, Reismehl oder glutenfreies Mehl verwendet.

Margarine oder vegane Butter

Da ich kein Fan von Margarine bin – die übrigens nicht immer vegan ist (da in der Herstellung ein kleiner Teil Milchprodukte enthalten sein darf) – greife ich gerne auf die vegane Butter„Alsan" zu. Sie sieht nicht nur aus wie Butter, sie verhält sich auch so.

Backpulver

Normales Backpulver hinterlässt nicht nur einen bitteren Geschmack, sondern enthält Phosphor und Aluminium, welche beide sehr gesundheitsschädlich sind. Ich greife gerne auf Weinstein-Backpulver zurück, das eine gute, natürliche Alternative ist.

Schlagcreme

Beim Kauf von veganer Schlagcreme immer darauf achten, dass sie sich auch aufschlagen lässt. Es lohnt sich auch, auf die Inhaltsangabe zu achten.

Sojadrink

Die Auswahl an Milchalternativen ist heutzutage sehr groß. Wem Soja nicht schmeckt, der kann auch auf Mandel-, Reis-, Hafer- oder Dinkeldrink ausweichen. Vorsicht ist jedoch bei Reisdrink geboten – da sich dieser oft anders verhält (z. B. beim Pudding-kochen)
Auf Seite 189 findest du einen Überblick über Milchalternativen.

SÜßUNGSMITTEL

In manchen Rezepten gebe ich das Süßungsmittel an. Sie können aber ganz nach Geschmack jedes der hier angeführten Produkte verwenden:

Ahornsirup

Ist ein sehr mineralstoffreicher Dicksaft. Er ist leider nicht insulinneutral und nährt Pilze und Bakterien.

Agavendicksaft

Der Dicksaft wird aus der Agave gewonnen und enthält sehr viel Fructose.
Er enthält fast keine Mineralstoffe und ist nicht wirklich besser als herkömmlicher Zucker.

Datteln

Sie haben eine natürliche, mineralstoffreiche Süße und eigenen sich gut zum Süßen von vielen Rezepten.

Zucker

Raffinierter Zucker, auch wenn er gefärbt ist
(wie Rohrzucker) enthält keinerlei
Mineralstoffe mehr.
Er lässt den Blutzuckerspiegel in die Höhe
schießen, hat sehr viele Kalorien
und ist sehr schlecht für
die Zähne.

Kokosblütenzucker

Er wird aus dem eingedickten
Nektar von Kokospalmen gewonnen
und ist nahezu unbehandelt.
Er hat sehr viele Mineralstoffe
und Vitamine und ist
ausgezeichnet für
Diabetiker geeignet.

Ursüße / Getrockneter Zuckerrohrsaft

Er ist kaum behandelt und enthält
noch alle Mineralstoffe des
Zuckerrohrs. Er ist eine gute
Alternative zu normalem Zucker.

Xylitol / Birkenzucker

Er wird aus Holz gewonnen.
Er schützt die Zähne vor Karies.
Für Diabetiker und Menschen mit Pilzbefall ist er hervorragend
geeignet, da sich der Birkenzucker nicht auf den Blutzuckerspiegel
auswirkt.   Für Hunde ist Birkenzucker jedoch giftig.

Pflanzliche „Milch"

Es gibt viele Gründe
auf den Verzehr von tierischer Milch zu verzichten.
Manche Menschen leiden an einer Kuhmilchallergie oder
Laktoseintoleranz und müssen zwangsläufig darauf verzichten, andere
entscheiden sich aus ethischen Gründen auf den Milchverzicht und
andere treffen eine Entscheidung der Gesundheit zu liebe.
Die Vielfalt an pflanzlichen Alternativen zu Milch ist groß.
Hier seht ihr einen kleinen Überblick:

Haferdrink

Er empfiehlt sich als Milchersatz, da er keine Laktose und Sojabestandteile
enthält und cholesterinsenkende Eigenschaften hat. Er hat einen dezenten und
milden Geschmack, was dem der echten Kuhmilch ähnelt. Haferdrink eignet
sich hervorragend zum Kochen und Backen und lässt sich auch gut zu Hause
herstellen. Er weist einen hohen Proteinanteil, Kalzium, Phosphor, Eisen und
Vitamine auf.

Sojadrink

Ist eine der bekanntesten Milchalternativen, ist vielseitig anwendbar und eignet
sich uneingeschränkt zum Kochen und Backen. Der Sojadrink kann zu Joghurt,
Schlagsahne und Eis weiterverarbeitet werden und ist eine besonders
hochwertige Proteinquelle. Da Sojadrink einen deutlich geringeren Fettgehalt
als Kuhmilch besitzt, eignet er sich optimal für eine kalorienreduzierte
Ernährung.

Reisdrink:

Für Allergiker ist Reismilch besonders gut geeignet, da sie Laktose und Glutenfrei ist. Es ist eine sehr dünne Milch mit süßlichem Geschmack und eignet sich besonders gut für Süßspeisen oder Smoothies. Zum Backen und für Pudding ist sie eher ungeeignet. Man sollte sie in Maßen genießen, da Reisprodukte ein wenig des Halbmetalls Arsen beinhalten.

Mandeldrink:

Mandelmilch ist sehr bekömmlich, reich an ungesättigten Fettsäuren und eine ideale Balaststoffquelle. Sie schmeckt mild, leicht nussig und süß, darum passt sie gut in Müslis und Shakes.

Kokosmilch:

Kokosmilch hat einen fruchtig-nussigen Geschmack und ist ideal zum Kochen, Backen und für Shakes. Sie ist reich an Eiweiß, Kalium, Kalzium, Magnesium und Folsäure. Sie hat einen hohen Fettgehalt, welcher aber aus gesunden Fettsäuren besteht.

Lupinendrink:

Süßlupine können nicht nur regional angebaut werden, sondern sind wahre Alleskönner. Als Drink, Joghurt, Fleischersatz und Sojaalternative. Lupinenmilch hat weder Gluten, noch Laktose, Milcheiweiß oder Sojaproteine. Sie enthält sehr viel Protein aber auch Kalium, Magnesium, Kalzium und Eisen.

DAS KINDERKOCHBUCH auf

Hast du einen Facebook oder Instagram Account?
Dann teile deine Essenskreationen aus diesem Buch
oder selbstgebastelten Wollfreunde mit uns und der Welt.
Verwende einfach **#DasKinderkochbuch** und lade dein Foto hoch.
So können wir dich sehen.

Wir freuen uns auf deine BILDER!

Hier könnt ihr uns erreichen:

Facebook:
www.facebook.com/AnniundJoes

Instagram:
www.instagram.com/Anni_V_Banani

Youtube:
Anni und Joes Grüne Ecke

Anni und Joes Grüne Ecke?

Oh JA - Wir lieben es, Dinge die wir lieben mit andern zu teilen.

Deshalb findest du auf unserem YouTube Kanal alles rundum Ernährung, Gesundheit, Lifestyle und Sport .

Wir hoffen, mit unserem Kanal vielen den Einstieg in die vegane Ernährung zu ermöglichen, einen groben Überblick über gesundheitliche Aspekte zu schaffen und auch allen bereits von pflanzlicher Kost lebenden Menschen eine Bereicherung zu geben.

Wir wünschen euch viel Spaß beim Nachkochen, viel Freude beim Entdecken und Ausprobieren.

Alles Liebe,

Annegret & Joachim

Register